MAGISCH REISEN

Mit dem Herzen die Welt erleben und zu sich selbst finden

Erholungsreisen, Bildungsreisen, Abenteuerreisen – es gibt viele unterschiedliche Wünsche und Erwartungen rund ums Reisen. In einer Zeit des Umbruchs, in der fast jedes Ziel auf unserem Erdball Reisenden zugänglich ist, in der es kaum noch geographisch weiße Flecken gibt, kann Reisen jedoch einen neuen Sinn gewinnen. Die Faszination der Begegnung mit anderen Ländern, Menschen und Kulturen liegt nicht mehr nur im vordergründigen Erleben der Exotik des Andersseins, sondern darin, was wir über uns selbst und über unser gemeinsames menschliches, kulturelles, religiöses Erbe erfahren. **MAGISCH REISEN** ist die Aufforderung zum Reisen in fremde Länder, als blicke man in einen Spiegel der eigenen Seele.
Die Idee für die Reihe **MAGISCH REISEN** stammt vom bekannten Fachbuchautor, Astrologen, Mythenforscher, Journalisten und Dramaturgen Bernd A. Mertz. Er, der Goldmann Verlag und der Herausgeber legen eine in sich geschlossene Reihe vor, die allerdings der Einzigartigkeit von Land, Themenkreis und Autor/in immer individuellen Spielraum öffnet.

MAGISCH REISEN, das heißt anders reisen: Orte der Kraft und heilige Stätten erleben, Göttern und Heiligen, Urgestalten und Heroen begegnen und die Welt der Mythen und Märchen, der Sagen und Fabeln betreten.

MAGISCH REISEN heißt auch anders lesen: mit Verstand und Herz, mit Gefühl und Seele in Geschichte und Geschichten, in Stimmungen und Landschaften, in geistige Botschaften und heilige Energien eintauchen, äußere Reisen zu inneren Erfahrungen machen, im Geiste in ferne Gefilde entschweben, ohne den Fuß vor die Türe zu setzen.

MAGISCH REISEN möchte die Leser/innen dazu inspirieren, das Leben als die magische Reise zum eigenen Sinn zu erfahren, auf deren Wegstrecke die äußeren Reisen in immer wieder neue Winkel unserer alten Mutter Erde auch immer wieder neue Anstöße zur bewußten Lebensreise sind.

Der Herausgeber

DION FORTUNE

Glastonbury

Das englische Jerusalem – Avalon und der heilige Gral

Aus dem Englischen übertragen
von Sabine Ivanovas

Photographie von Martin Thomas

Goldmann Verlag

Herausgegeben von Wulfing von Rohr

Die Originalausgabe erschien unter dem Titel
»Glastonbury – Avalon of the Heart«
bei Aquarian Press/Thorsons, Wellingborough, Northamptonshire

Der Goldmann Verlag
ist ein Unternehmen der Verlagsgruppe Bertelsmann

Made in Germany · 6/91 · 1. Auflage

Umschlagphotos: Martin Thomas, München
Umschlaggestaltung: Design Team München
Kartographie: Astrid Fischer, München
Druck: Presse-Druck Augsburg
Belichtung: Compusatz, München
Verlagsnummer: 12289
Lektorat: BL/Dieter Löbbert/Daniela Schetar
Herstellung: Sebastian Strohmaier
ISBN: 3-442-12289-9

Inhalt

Nur ich schnitt es ins Holz,
nur ich grub es in Stein:
Sagt dem Baumeister, der nach mir kommt,
das Wissen war auch mein.

Der Weg nach Avalon

Es gibt viele Wege, die zu unserem englischen Jerusalem, »der heiligsten Erde Englands«, führen. Wir können über die breite Straße der Geschichte dorthingelangen, die durch ein reiches Land führt, denn es gibt kaum eine Phase in der spirituellen Geschichte des englischen Volkes, in der Glastonbury keine Rolle gespielt hat. Sein Einfluß zieht sich wie ein goldener Faden durch die Geschichte unserer Inseln. Wo immer sich hier mystische Kräfte bemerkbar machen, vernimmt man die Stimme von Glastonbury; nie dominant, doch immer von Einfluß.

Auf der Landstraße der Legende nach Glastonbury

Aber wir können auch auf der Landstraße der Legende nach Glastonbury kommen. Die Fäden der alten Volkssagen winden sich darum herum, voll spiritueller Bedeutung für jene, deren Inneres auf ihre Tonart eingestimmt ist. Artus und seine Ritter kommen und gehen. Der Gral strahlt am Nachthimmel über dem Zentrum Glastonburys, dem kegelförmigen Hügel, den die Kelten einst »Tor«, steiler Fels, nannten. Die Heiligen leben ihr wundersames Leben inmitten seiner Wiesen, die Lyrik der Seele findet

Links: Die Abtei von Glastonbury

in den Marschlanden ihren volltönenden Widerhall.

Und es gibt noch einen dritten Weg nach Glastonbury, einen Weg der geheimen Feldpfade der Seele – den mystischen Weg, der durch die verborgene Tür in ein Land führt, das nur dem sehenden Auge bekannt ist: das innere Avalon.

Avalon lebt im verborgenen

Das mystische Avalon lebt im verborgenen; sichtbar nur jenen, die den Schlüssel zu den Toren der visionären Kraft besitzen. Draußen fließt das gemächliche Leben des West Country ruhig dahin. Die Saatzeiten und Ernten ändern sich nicht, auch nicht die unerschöpflichen Quellen. Der rosige Blütenschaum des Frühlings hüllt die Apfelgärten ein; die silbernen Nebel des Herbstes verwandeln die feuchten Wiesen wieder in geheimnisvolle Seen. Legen-

»Wer das Land von König Artus verstehen möchte, muß eine Reise in die Vergangenheit antreten.«
Daphne du Maurier

de, Historie und die Vision aus dem Innern vereinigen sich bei der Schaffung des mystischen Avalon.

Immer noch ziehen die Pilger zu diesem Avalon des Innern. Manche, die wissen, was sie suchen, kommen in Gruppen. Andere kommen allein, mit dem Stab der Vision in ihrer Hand und in Erwartung dessen, was ihnen wohl auf diesem heiligen Boden begegnen mag. Keiner geht so fort, wie er gekommen ist. Hier ist der Schleier, der das Unsichtbare verhüllt, nur dünn. Hier strömen die unsichtbaren Gezeiten mit Macht; hier steht wirklich der Fuß der Jakobsleiter, auf der die Seelen der Menschen zwischen den inneren und äußeren Ebenen hin- und hergehen können.

Glastonbury ist ein Zugang zum Unsichtbaren. Es war in unvordenklicher Zeit ein heiliger Ort und ein Pilgerweg, und bis zum heutigen Tag schickt es seinen uralten Ruf ins Herz des Volkes, das es bewacht, und noch immer antworten wir der inneren Stimme.

Das englische Jerusalem

Es ist von großer Schönheit, unser englisches Jerusalem. Die Pfade, die zu ihm führen, sind Wege des Schönen und Pilgerfahrten der Seele. Die lange Straße von London her führt quer durch England von einer Welt in eine andere. Die engen und mühsamen Straßen der Stadt weichen der großen Hauptstraße in den Westen, der »Great West Road« – ein Wort, das bis in seine Silben hinein magisch klingt, magisch auch in seiner großen, gewundenen Breite für jene, deren Augen sehen können. Diese Straße wendet sich in Chiswick vom großen Verkehr ab, verwandelt sich in eine Brücke und läßt London hinter sich. Der weite Himmel entfaltet sich über ihren sonnenbestrahlten, vom Wind gefegten Flächen; und sie ist von einer solchen Ausdehnung, daß die Wolkenschatten über ihre Oberfläche dahineilen und sie ihren eigenen Horizont hat. Der Verkehr bewegt sich rasch und leise. Wir sind in einer anderen Welt – einer neuen Welt, die gerade über den östlichen Hügeln der Zivilisation erwacht.

Auf dem Weg zu einer anderen Welt

Die Straße, eine Ulmenallee, führt eine Weile lang durch den flachen Talgrund der Themse. Die Landschaft ist wenig schön, die methodisch angeordnete Nützlichkeit von Großgärtnereien wirkt traurig, weil die Bäume zugrunde gehen, denn die Flut der Häuser strömt über sie hinweg, und keiner macht sich die Mühe, die erschöpften Bäume zu pflegen, da die Ernte des kommenden Jahres vielleicht nie eingebracht wird.

Bald jedoch ändert sich die Landschaft; der Lehm des Talgrundes macht dem Sand der Heide von Hampshire Platz; Birken und Tannen ersetzen die freudlosen Ulmen. Wir befinden uns in einem wilden und weiten Landstrich von einer Schönheit, wie sie nur kargen Gegenden eigen ist. Heidekraut und Stechginster reichen bis auf die welligen Hänge hinauf, und die Straße läuft wie ein Band zwischen ihnen hindurch. Hier gab es keine Uraltrechte, die den Verlauf des Weges in Kurven legten. Niemand hatte ein Interesse an der san-

Rechts: Stonehenge: steinerne Zeugen einer europäischen Megalithkultur. Reste eines versunkenen Kontinents?

digen Heide, und so wurde sie in ihrer Schönheit und Freiheit belassen. In den Legenden dieser Landschaft spuken Straßenräuber und schwere Kutschen. Der Verkehr von Südwesten ging über diese Straße. Die große Straße nach Bath liegt weiter nördlich und wird von Leuten anderer Art benutzt.

Das Westland – die ersten Anzeichen

Die Heide wiederum läßt Raum für Eichen und fettes Ackerland, und man kann die ersten Zeichen des Westlandes erkennen – eine Mauer, bedeckt mit einem Miniaturstrohdach, oder von Flechten gefleckte Dachziegel. In dieser Gegend werden ganze Wände aus gestampftem Lehm gebaut, die dann so lange stehen, wie man die Nässe von ihnen fernhalten kann. Daher kommt es, daß es hier jene seltsamen kleinen Dächer mit den weit vorstehenden Dachrinnen gibt, die sich die gewundene Straße entlangziehen.

Bald erreichen wir eine Weggabelung. Die eine Straße behält von hier aus ihre Richtung durch die reichen Niederungen bei, die andere erklimmt Englands größte Hochebene. Für den Weg nach Glastonbury wählen wir die Straße ins Hochland, und schon bald weichen die Äkker dem weiten, unbestellten Boden der Kalkhöhen; finstere Wacholderbüsche zeigen uns, daß wir die Ebene erreicht haben.

Nimm zwei Zweige vom Wacholderbaum
Und kreuze, kreuze, kreuze sie.
Blicke in die Feuerkohle des Azrael!

So heißt es in alten Runenschriften. Der Wacholder überströmt mit seinen dunklen Kräften die Straße, und auf den Hängen rücken die vereinzelten Buschgruppen allmählich dichter zusammen. Der Wacholder ist wirklich eine Pflanze des Engels der Dunkelheit und der alten Götter. Die Natur scheint so nah zu sein, und der Mensch ihrer Macht bedingungslos ausgeliefert. Frühgeschichtliche Stämme hatten hier ihre Siedlungen. Niemand hat es hier je wieder gewagt, der Natur entgegenzutreten. Schafe weiden auf ihrem Land, doch kein Mensch stört die Tiefen der Erde.

Die Menschen und die Natur

Die Seele dieses Ortes strömt den Brodem des frühgeschichtlichen Menschen aus, den Dunst seiner Blutopfer und seiner dunklen Ängste. Auf beiden Seiten liegen seine Hügelgräber und die erhöhten Stätten seiner Opferungen. Hier erhebt sich grau und schicksalsschwer Stonehenge und überragt das weite, graue Land.

Die riesigen Steine scheinen über ihren Erinnerungen zu brüten wie alte Männer am Feuer, die von ihrer Kraft verlassen sind und deren Gedanken in der Vergangenheit weilen. Die grauen Steine können niemals vergessen – das Blut ist zu tief in sie eingedrungen. Um den ganzen grausigen Kreis herum ist die Luft schwer und kalt von der uralten Furcht. Die Sonne scheint grau auf sie herab, und die Erde fühlt sich an, als sei sie voller Tod. Die Steine symbolisieren das Ende des alten Geschlechts, als sein Licht verbraucht war und seine Visionen sich verdunkelten.

Avebury und Stonehenge – Sakralstätten zweier gegensätzlicher Mächte

Ganz anders ist Avebury, der große Sonnentempel einer ruhmvollen Zeit. Hier scheint eine unsichtbare Sonne, entstanden aus der Magie der Priester, für immer in die Herzen der Menschen. Hier gibt es Heilkraft und Freude und eine Weisheit, die nicht aus unserem Zeitalter stammt. Avebury ist ein Sonnentempel, doch Stonehenge ist eine Sakralstätte des Blutes, kalt und finster bis zum heutigen Tag; und diejenigen, die nach Glastonbury pilgern, eilen geschwind durch seinen schweren Schatten, das Gesicht nach Westen gerichtet.

Einsame Schaffarmen, durch Buchen vor dem Wind geschützt, liegen weit verstreut auf dem Hochland. Hier und da steht ein niedriges keltisches Kreuz am Straßenrand und zeigt an, wo ein Flugzeug abgestürzt ist und wieder einmal ein Mensch den Göttern der Geschwindigkeit geopfert wurde.

Dann taucht die Straße in Buchenwälder ein und läßt die Ebene hinter sich. Bald wird der erste Apfelgarten erscheinen, und dann wissen wir, daß wir endlich den Westen erreicht haben.

Die Straße ist kurvenreich, denn sie folgt einem alten Weg, der von den Füßen unzähliger Wanderer breit getreten worden ist, die eher einen festen Untergrund zum Gehen und guten Wein zum Trinken suchten als den kürzesten Weg. Oberhalb, auf den Kuppen der Hügel, liegen die Festungen der frühgeschichtlichen Menschen, die Feldschanzen, die der Bewachung ihrer wunderbaren Siedlungen dienten, und die »Schäferstufen« genannten Terrassen, von denen aus sie die Wolfsrudel bekämpften. Die untergehende Sonne scheint flach durch die Apfelgärten. Der Torfrauch, der aus den Mooren von Bridgwater aufsteigt, duftet süß in der feuchten Abendluft. Die Häuser hier sind alle aus grauen Steinen erbaut. Große Dreispänner mit hintereinander eingespannten Pferden versperren die Straße. Die Holzwagen sind auf dem Heimweg. Niedrige Abstellflächen am Straßenrand erwarten die klappernden Milchwagen, die auch auf den engsten Wegen dieser von Milchwirtschaft geprägten Gegend ihre Ladung abholen. Zahllose Kühe wandern heimwärts zu ihren Ställen, und unter den flachshaarigen Kindern, die am Wegrand spielen, tauchen jetzt ab und zu dunkle Köpfe auf, denn wir nähern uns dem Land eines alten Volkes.

Im Land eines alten Volkes

Die letzte Hügelbarriere wird erklommen, und der Weg senkt sich nun über drei Stufen auf die Schwemmlandebene hinab, die einst ein großer Salzsumpf und eine den Gezeiten ausgesetzte Meeresbucht war. Die weite, flache Ebene erstreckt sich im Abendlicht. Rauch hängt über den kleinen Weilern, die in großer Zahl über dieses reiche Land verstreut liegen. Wo einst irgendein Strudel in den flachen Gezeiten des Severn seinen Schlick abgeladen hat, erheben sich in der Weite hier und dort unerwartet Hügel, die in dieser Gegend immer noch

Der »Tor« von Glastonbury

»Inseln« genannt werden. Auf der einen Seite begrenzt die Reihe der Polden-Hügel die Ebene, auf der anderen Seite die Reihe der Mendips. Dahinter, im Westen, liegt das Meer verborgen im grauen Dunst. Inmitten der Ebene erhebt sich ein pyramidenförmiger Hügel, von einem Turm gekrönt – der »Tor« von Glastonbury!

Im ersten Anblick jenes seltsamen Hügels

liegt eine solche Magie, daß niemand, der das visionäre Auge hat, ihn unbewegt betrachten kann. Jede Straße in der Umgebung von Glastonbury hat diesen »Ort der Begegnung« an dem der »Tor« zum erstenmal zu sehen ist. Sei es vom Zug aus, von wo man ihn hoch am Himmel hängen sieht, seinen Fuß zwischen Obstgärten und roten Dächern verborgen; oder sei es von der Straße aus, von wo man ihn in der Ferne liegen sieht, in der weiten, von Weidenbäumen und Wasserläufen begrenzten Ebene – die magische Ausstrahlung des ersten Anblicks fehlt nie. Wer weiß, welche Kräfte die Zeitalter auf diesen seltsamen Hügel konzentriert haben? Die alten Druiden kannten ihn, die frühesten Christen kannten ihn, und in der Überlieferung heißt es, daß es »Avalon nie an Sehern gemangelt hat«.

Der »Tor« – Hügel des inneren Sehens

Die Vorhügel mit ihren zahlreichen Quellen schmiegen sich dicht an den Fuß jenes seltsamen Pyramidenhügels mit seinem grauen Turm. Sie stammen aus einer anderen Zeit der Schöpfung. Doch einer unter ihnen hat eine gewisse Verwandtschaft mit dem »Hügel des inneren Sehens«. Als schüsselförmiger Hügel von sattestem Grün liegt er zu Seiten des »Tor«. Er wird »Chalice Hill«, Kelchhügel, genannt, und es heißt, er sei das Heim des Fischerkönigs gewesen, der für alle Zeit an einer schmerzhaften Wunde litt; und im Herzen dieses Hügels läge die Schatzkammer, in der er den Gral aufbewahrte.

Der graue »Tor« erhebt sich zum Himmel,

und der grüne Hügel träumt an seiner Seite. Zwischen ihnen entspringt das fließende rote Wasser der »heiligen Quelle«; zu ihren Füßen liegt die Stadt mit ihren roten Dächern und dem blauen Torfrauch. Drumherum erstrecken sich die Moore mit ihren Weidenbäumen und Wasserrinnen und den eingefaßten geraden Wasserläufen und den Schleusen, die nur bei Niedrigwasser ins Meer ablaufen können. Es ist ein grünes Land, ein freundliches Land, und der Hügel des inneren Sehens schwebt darüber.

Links:
Das fließende Wasser der geheimnisvollen »heiligen Quelle«

Das Avalon Merlins

Es gibt zwei Legenden, die sich um Avalon ranken: die Legende des Kelchs und die Legende des Schwerts – der Kelch, aus dem Christus beim letzten Abendmahl trank und in dem die Tropfen seines Blutes aufgefangen wurden; und das Schwert des Artus, Excalibur, mit den darauf eingegrabenen alten heidnischen Runen.

Avalon, Begegnungsstätte zweier Welten

In Avalon begegnen sich zwei Traditionen – der alte Glaube der Briten und der Glaube der Christen. Der ältere, dessen Überreste zerstört und dessen Legenden für christliche Zwecke zurechtgelegt wurden, ist dunkel und unklar. Nur hier und da können wir noch deutlich die Umrisse des alten Glaubens erkennen, doch eine schemenhafte Gestalt ist in der Dunkelheit der Volkserinnerung erkennbar geblieben, und ihre zwar undeutliche, doch erhabene Gegenwart ist noch lebendig.

Es gibt ein Avalon des Schwerts, das noch viel älter ist als das Avalon des Kelchs. Lange bevor der langsam fließende Severn den Schlick hinterließ, der die tiefliegenden Ländereien von Somerset schuf, war Avalon tatsäch-

»Artus und seine Ritterlegenden sind für England, was Theseus für Griechenland ist.« Daphne du Maurier

lich eine Insel. Im flachen Wasser des brackigen Sees, der sie umgab, standen die Wohnstätten eines alten Volkes, das im Röhricht dieses großen westlichen Moores Schutz vor wilden Tieren und ihren nicht weniger wilden Mitmenschen fand. Andere frühgeschichtliche Stämme lebten in grubenähnlichen Unterständen auf den Polden-Hügeln oder in den zahlreichen Höhlen der Sandsteinkette der Mendips. All diese Menschen – von den Hügeln oder aus dem Marschland – müssen jenen seltsamen, pyramidenförmigen Hügel von Avalon gesehen haben, wie wir ihn heute erblicken. Wie muß er unseren archaischen Ahnen erst erschienen sein, wenn er noch heute die Vorstellungskraft der Menschen so sehr fesselt?

Die frühgeschichtlichen Menschen von Avalon

Am Fuße des »Tor« sprudelt die wunderbare »Blood Spring«, die Blutquelle, deren eisenhaltige Wasser aus den ältesten Felsen emporsteigen und deren Fluß sich sommers wie winters, bei Ebbe oder Flut nie ändert. Über dieser Quelle wurde eine Kammer aus großen Steinblöcken errichtet, wie sie auch für Stonehenge Verwendung fanden. Ein einziger Felsblock bildet drei Seiten der Quelleinfassung; er ist so riesig, daß nur sehr große Geräte ihn bewegen konnten, und das Mauerwerk ist mit der größten Genauigkeit eingepaßt. Ein runder Brunnenschacht aus blauem Liaskies reicht ungefähr fünf Meter hinab bis zum Grund. Durch ihn steigt mit kraftvollem Druck die unversiegbare Quelle nach oben.

Die Blutquelle

»Blood Spring«, die Blutquelle, deren eisenhaltiges Wasser dem Fels entspringt

Im Wasser schweben Partikel von der Farbe geronnenen Blutes. Es handelt sich dabei um eine seltene Wasserflechte, die von dem eisenhaltigen Wasser gefärbt ist.

Eine Quelle und ihr düsteres Geheimnis

Um den Brunnenschacht herum öffnet sich eine große Kammer aus wohlbehauenen Steinen, die rechtwinklig und korrekt angeordnet sind. Wenn am Mittsommertag die Sonne über die Kuppe des »Tor« steigt, fällt ein Lichtstrahl genau in die innere Brunnenkammer. In einer Wand dieser Kammer befindet sich eine Nische, in der ein Mensch gerade stehen könnte. Es gibt eine Art von Schleusenöffnung, die es möglich macht, das Wasser abzulassen, so daß man die innere Kammer betreten kann. Wenn die Schleuse geschlossen ist, füllt sich die Kammer schnell wieder mit klarem, kaltem Wasser, denn die Quelle ist sehr ergiebig.

Dies war niemals eine christliche Quelle, von heiligen Männern für ihre einfachen Bedürfnisse gebaut. Was ist das für eine Nische in Menschengröße in einer Brunnenkammer, die man nach Wunsch entleeren oder füllen kann? Was ist das für eine seltsame und finstere Macht, die immer noch über der Quelle schwebt? Dies war kein von Wundern und Visionen geheiligter Brunnen, sondern eine alte druidische Sakralstätte, und die aufrechte, menschengroße Nische unter der Wasseroberfläche zeigt, wer hier geopfert wurde. Der Fischerkönig, falls er wirklich eine historische Figur war, hat vielleicht die abergläubische Ehrfurcht genutzt, mit der ein solches Naturwunder betrachtet werden mußte, und hat dort bei drohender Gefahr den Kelch verborgen. Diese seltsame Quelle mit ihrem blutfarbenen Wasser, das sich durch gerötete Kanäle ergießt, ist Heiligtum der alten Götter und ihrer dunklen Mächte.

Quelle und »Tor«: im Angesicht der alten Götter

Die Mönche kamen, als Blood Spring schon allgemein verehrt und als heilig angesehen wurde. Da sie sich in der menschlichen Natur auskannten, ordneten sie die heilige Stätte ihren christlichen Zielen unter, wie es bei ihnen üblich war, und woben um sie die Geschichte mit dem Kelch. Doch niemand, der sich ihr nähert und zudem die große Gabe der inneren Schau besitzt, wird bezweifeln, daß wir in Quelle und »Tor« den alten Göttern von Angesicht zu Angesicht gegenüberstehen.

Die Abtei erhebt sich über heiligem Boden, geweiht durch das Blut der Heiligen; doch hier oben, am Fuße des »Tor«, ist die Stätte der alten Götter. Das heißt, es gibt zwei Avalons: »die heiligste Erde Englands« unten bei den Wasserwiesen, und auf den grünen Höhen die feurigen heidnischen Mächte, die dem Herzen einen Stoß versetzen und es zum Brennen bringen. Und manche verehren das eine und manche das andere.

Es kann kaum Zweifel daran geben, daß die Priester des alten Sonnenkults hier eine heilige Stätte hatten. Der »Tor« ist ein seltsamer Hügel, und es ist unwahrscheinlich, daß er seine Formgebung ausschließlich der Natur zu verdanken hat. Um ihn herum verläuft ein spiralförmiger Weg in drei großen Windungen – ohne jede Frage ein alter Prozessionsweg. Wann verehrten die Christen ihren Gott je an erhöhten Orten? Nie. Und solche Hügel wie dieser waren immer der Sonne geweiht. Er ist der natürliche Ort für einen Sonnentempel und für die großen Feuer der ihm verwandten Feuerhuldigung. Das völlig symmetrische grüne Rund von Chalice Hill wirkt auch zu vollendet, um ein Werk der Natur zu sein, und auf dem gegenüberliegenden Abhang des »Tor« verlaufen Terrassen, deren Verwendungszweck unbekannt ist. Sie waren wohl kaum für den Weinanbau gedacht, denn sie liegen nicht nach Süden.

Mit Wissen und Kraft geschaffene Heiligtümer

Hier war Menschenhand am Werk, an »Tor« und Hügel und Quelle; die Hand von Menschen, die mit Wissen und Kraft arbeiteten. Die Abtei und die Stätten des Gebets sind die eine Welt – der »Tor« und seine Quelle eine andere, eine ältere und vitalere. Und obwohl die Quelle dunkel ist vor Blut – der »Tor« strahlt feuerhell. Die Abtei ist geheiligt durch die An- wesenheit so vieler frommer Christen – des heiligen Patrick, des Schutzheiligen Irlands, der heiligen Brigida und nicht zuletzt des heiligen Dunstan, der hier die Ordensregeln der Benediktiner einführte –, doch die Quelle ist Merlin geweiht.

In alten Zeiten, noch bevor der Fischerkönig der Hüter des Grals wurde, hatte die dunkle Fee Morgan le Fey, Morgana, die Halbschwester von Artus und Schülerin Merlins, ihre

Wohnstatt auf dem Chalice Hill. Könnte nicht die ruhige Oberfläche der Quelle mit ihren blutgeröteten Flechten ihr magischer Spiegel gewesen sein? Was hätte die Hexe in jener stillen, die Sterne widerspiegelnden Oberfläche nicht alles sehen können, wenn der Tote, der in der Nische der tiefen Quellenkammer gefesselt war, ihr die Macht des geopferten Lebens gab? Ihr Geist ist es, der über der Quelle schwebt und die Augen des inneren Gesichts in den Seelen jener öffnet, die hineinblicken.

Artus und Merlin: Heidentum und christliche Lehre

Die Geschichte von Artus verknüpft Heidentum und Christentum untrennbar miteinander. Seine Geburt wurde von Merlin auf den wilden Klippen Cornwalls beherrscht. Manche behaupten, er sei von einer riesigen Woge dem Magier zu Füßen gelegt worden; andere sagen, er sei die Frucht der gesetzlosen Leidenschaft von Uther, dem König der Briten, zu Ygraine, dem Weib des Gorlois, des Königs von Cornwall. Uther erschlug aus fleischlicher Lust zu ihr ihren Mann in einer Schlacht, besetzte dessen Burg und nahm sein Weib mit Gewalt. Noch andere sagen, Merlin habe Uther heimlich über eine in den Felsen gehauene Treppe zu der Königin gebracht, damit die Tore des Lebens geöffnet würden für die Seele des Artus, der der Erretter seines Volkes werden sollte.

Alle Erzählungen stimmen dahingehend überein, daß Merlin das Neugeborene in seine Obhut nahm und es fortbrachte, damit es, versteckt an einem geheimen Ort, unter seiner

König Artus: ein Leben lang im Bann seiner Schwester Morgana, Herrin über Avalon

Aufsicht erzogen würde. Was auch immer Merlin gewesen sein mag, ein Christ war er nicht. Er war der Hohepriester der alten Götter, der erste Meister unseres Volkes. So machte Artus, wie Moses und Jesus, den »Abstieg nach Ägypten« und erlernte die alte Weisheit der Eingeweihten.

Im Reich der Dame vom See

Nach Avalon kam er, um seine dunkle Schwester Morgana, halb Mensch, halb Fee, zu besuchen. Hier hielten sich auch die Dame vom See und ihre königlichen Schwestern auf, sie bewachten das magische Schwert, so wie später die drei reinen Jungfrauen den heiligen Kelch für den Fischerkönig hüteten. Dieses Schwert, versenkt in einen Steinblock, erwartete das Erscheinen eines Kämpfers, der es herausziehen würde. Viele Ritter versuchten ihre Kräfte daran und scheiterten, dieweil das Land

Keltisches Kreuz in Cornwall

von wilden Tieren und noch wilderen Menschen verwüstet wurde. Dann kam Artus, und das Schwert sprang hervor in seine Hand.

Auf der einen Seite der Schneide stand in alten Runen eingegraben: »Nimm mich« – und auf der anderen Seite in der Sprache jener Zeit: »Wirf mich fort«. Und so wird es einem Menschen mit einer erleuchteten Seele geschehen.

Excalibur – Mystik und Waffe in einem

Er muß das Schwert des alten Glaubens in seine Hand nehmen und es als wahrer Ritter schwingen, bis das Land vom Bösen befreit ist, und dann muß er es ablegen, um mit dem Schwert des Geistes Siege zu erringen. Nur so wird er sich von den in der Schlacht empfangenen schweren Wunden heilen und auf der grünen Insel Avalon Frieden finden,

> Wo nicht Hagel noch Schnee noch Regen fällt,
> Noch bläst der Wind je laut.

Denn der Artus des Schwertes ist nicht jener der Tafelrunde, der ein einzigartiger christlicher Ritter war. Bei seiner Geburt wurde er von Merlins Händen empfangen, und in Merlins Hände kehrt er zurück, wenn der Schatten des Todes über ihn kommt. Die drei Königinnen in ihrer dunklen Barke kommen durch das wogende Schilf der großen Severn-Marsch nach der letzten Schlacht in Lyonesse; Excalibur wird nach dem Wunsch des Königs in die Flut geworfen; die alten Götter nehmen ihr Schwert wieder zurück, und die drei Königinnen tragen Artus für immer fort aus dem Anblick der Menschen.

Das Avalon des Grals

Die Insel im Marschland hat zwei Namen – Avalon und Glastonbury. Wissenschaftler haben herausgefunden, daß das Wort »Glastonbury« aus dem alten keltischen Namen »Ynisvitrin« – die gläserne oder glänzende Insel – hervorgegangen ist; und bei »Avalon« glaubt man, daß es »die Insel der Äpfel« bedeutet. Für jene, die sie verehren, ist »Glastonbury« der äußere Name, die Bezeichnung für eine kleine Stadt, die einen Miniaturabriß der englischen Geschichte abgibt und deren Einfluß in das Netz der Geschichte gewoben ist wie ein Faden in einen Wandteppich, denn sie gab unserem Volk Heilige und Staatsmänner und Wissenschaftler.

Die Stadt: englische Geschichte im kleinen

Ynisvitrin hat die Menschen jener Dörfer im See gesehen, die in wunderbarer Weise auf Pfählen in die Marsch gebaut waren; es sah die Menschen aus den Höhlen in den Mendips, die kamen, um mit den Dorfbewohnern zu handeln oder sie auszuplündern. Es sah die Römer kommen und gehen. Es sah die Flut der Norweger Südengland überrollen bis hin zu den die Stadt umgebenden Hügeln, und es sah, wie sie dort zurückgeworfen wurden, denn in den Straßen Glastonburys hat es niemals Kämpfe gegeben.

Hier stand eines der ältesten und größten Klöster dieser Inseln, und hier wurde das Licht der Wissenschaft und Kultur bewahrt in den finsteren Zeiten, als Europa wieder zur Barbarei zurückkehrte.

Doch es gibt noch einen anderen Namen für unsere Insel und eine andere Geschichte, die zu ihr gehört – das Gleichnis von ihrer spirituellen Bedeutung. Die Historie mag uns erklären, daß das Christentum von Irland zu unseren Inseln kam, doch die Legende, die das spirituelle Herz der Geschichte umgibt, sagt, daß das Licht aus dem Westen direkt vom Ort seiner Entstehung uns erreichte und daß wir für seine Überlieferung nicht in der Schuld irgendwelcher Vermittler stehen.

Der Gral – die Geschichte eines magischen Kelchs

Nach dem letzten Abendmahl, so heißt es in den alten Erzählungen, bewahrte der Besitzer des Hauses, in dem die heilige Handlung vollzogen wurde, als Andenken den Kelch auf, der bei jenem Fest von Hand zu Hand gegangen war. Dieser Kelch gelangte in die Hände des Joseph von Arimathia, und in ihm fing er die Blutstropfen auf, die aus der Wunde im Leib Christi sickerten, als Joseph kam, um den Körper zur Grablegung zu holen.

Später, als die christliche Kirche begann, ihre Glaubensboten in die Welt zu senden, erschien Joseph in einem Traum ein Engel und befahl ihm, zwölf Schüler um sich zu versammeln und nach Westen zu segeln, bis er einen Hügel ähnlich dem Berg Tabor sehe, und dann im Schatten dieses Hügels zu landen, um dort ein Gotteshaus zu errichten.

Auf der Suche nach dem heiligen Berg

Er gehorchte, und mit dem heiligen Gefäß im Gürtel seines Gewandes, wie es bei reisenden Syrern der Brauch war, setzten er und seine Kameraden im Hafen von Joppa die Segel und steuerten der untergehenden Sonne entgegen. Sie fuhren viele Tage gen Westen, bis sie die Tore von Gades erreichten; und dann öffnete sich vor ihnen der weite Atlantik, der bis ans Ende der Welt reicht, und sie drehten notgedrungen nach Norden ab und segelten an der Küste Spaniens entlang, denn zu jener Zeit orientierte sich die Schiffahrt immer an der Küste. Als sie zu einer Meerenge kamen, hielten sie nordwärts durch den Ärmelkanal und erreichten Britannien. Dann, ihren Anweisungen folgend, wandten sie sich so weit wie möglich nach Westen und kreuzten vor der Küste Cornwalls mit ihren gefürchteten Klippen westwärts bis in die Mündung des Severn hinein.

Bis zum heutigen Tag ist der »Tor« ein Seezeichen für die Schiffsleute, die den Severn hinauffahren. Weit über das Land kann man ihn erkennen, und sie richten ihren Kurs nach ihm. Joseph und seine Kameraden sahen ihn, als sie durch den Schlick und die Sandbänke der Mündung heraufsegelten, und sie erkannten seine Ähnlichkeit mit dem Berg Tabor. Sie lenkten den Bug ihres Schiffes von seiner Meeresroute ab und fuhren flußaufwärts durch die feuchten Wiesen, den Wasserlauf hinauf, der sich um den Grund des Wearyall-Hügels windet, den vorspringendsten Teil am äußeren Rande von Avalon. Hier gingen die Pilger an Land, ganz erschöpft von ihrer Fahrt, und der heilige Joseph stieß seinen Stab in den Boden und erklärte, hier werde er seine Kirche gründen. Und der Stab, ein kräftiger Weißdornast, trieb Blätter und Blüten, obwohl kältester Winter war, als Zeichen, daß der Himmel seine Wahl guthieß.

Ein weihnachtliches Wunder

Am Abhang jenes langen grünen Hügels befindet sich ein Gedenkstein auf dem Platz, wo ein alter Weißdorn wuchs – ein Weißdorn wie kein anderer in der Umgebung, einer, der regelmäßig außer seiner normalen Zeit im

Gefährliche Klippen, meerumtoste Felsen: ein altes Land, voller raunender Geheimnisse

Frühling auch in jedem Winter blühte. Dieses wunderbare Gewächs ist in den Tagen Cromwells von einem fanatischen Puritaner gefällt worden, doch Ableger des Urstrauchs waren von den Mönchen in den Garten des Klosters und auch in den Friedhof der Pfarrkirche gepflanzt worden; sie gedeihen bis heute und liefern immer noch zu Weihnachten Blüten für den Schmuck auf dem Altar des heiligen Joseph. Es ist, sagen die Botaniker, eine Weißdornart, die sonst nur in den Ländern um das östliche Mittelmeer vorkommt. Außerhalb von Glastonbury verliert er bald seine Gewohnheit, an Weihnachten Blüten zu entfalten.

Eine Weidenkirche als Urzelle der Abtei

Der Stammesführer dieser Region hieß die heiligen Männer willkommen und ließ sie auch in der Folgezeit in Frieden. Er überließ ihnen zwölf Hides, etwa 500 Hektar, Land in Pacht, und das kleine Heiligtum aus Flechtwerk, das sie darauf erbauten, entstand da, wo heute die große Abtei steht. Sie bauten sich eine runde Weidenkirche, und um sie herum errichteten sie zwölf Zellen aus dem gleichen Material, für jeden Einsiedler eine. Dort lebten sie in Gebet und Meditation und hatten ständig eine Wache in der Kirche, so daß ihre Schritte Pfade von jeder Zelle zur Mitte bahnten, angeordnet wie die Strahlen der Sonne.

Hier stand der Kelch des Abendmahls auf dem Altar, als Gegenstand beständiger Anbetung. Hier fand der heilige Joseph seine letzte Ruhestätte. So wurde der »heiligste Boden Englands« geweiht.

Doch jene Zeiten waren böse, denn die Düsternis des dunklen Zeitalters schritt voran, die Menschen waren zu gottlos, als daß man ihnen die heilige Reliquie hätte anvertrauen können. Und so nahm der Fischerkönig sie an sich, um sie in seiner Schatzkammer aufzubewahren, einer unterirdischen Kammer im Herzen des Chalice Hill, jenes sattgrünen Hügels mit der runden Kuppe, der sich aus der Seite des »Tor« erhebt. Dort wurde der Kelch von drei reinen Jungfrauen bewacht, die ihn Tag und Nacht nicht aus den Augen ließen, und er wurde nur zu hohen Festtagen hervorgeholt und ging dann von Hand zu Hand in der Erinnerung an unseren Herrn und seinen Tod am Kreuz. Wem auch immer das Glück beschieden war, aus ihm zu trinken, der litt nie wieder Durst, denn

Der Schatz im Chalice Hill

der Kelch war für ihn eine Quelle des Lebenswassers im Innern seiner Seele.

So versank Glastonbury in der Dunkelheit des Mittelalters, doch Avalon lebte in den Herzen der Menschen weiter, und die Artussagen verwoben sich mit seiner alten Geschichte. Hierher kamen die Ritter, die den Gral suchten. Sie überquerten den Fluß Brue bei Pons Perilis, der »Brücke der Gefahren«, und wachten die ganze Nacht in der Kapelle am Fuße des Wearyall-Hill mit dem Blick über das Wasser, aus dem dunkle Versuchungen aufstiegen, um die Seele zu prüfen. Hatte jedoch der Ritter jene Wache durch die Dunkelheit bestanden, zog er am Morgen aus zur letzten Etappe seiner Reise, um dann in den sonnigen Gemächern des Fischerkönigs auf dem grünen Hügel willkommen geheißen zu werden, zu ruhen und am Fest der Liebe des folgenden Abends, das zu seinen Ehren stattfand, aus dem wahren Kelch unseres Herrn zu trinken. Nicht alle, denen diese Gnade widerfuhr, überlebten, um darüber zu berichten. Ihre Seelen, in tiefe Ohnmacht gesunken, wurden in ferne Höhen getragen und kehrten nicht mehr zurück.

Schwere Prüfungen vor Erlangung des Heils

Doch die Zeiten wurden noch böser, und das Zwielicht verdunkelte sich zur Nacht, und der Fischerkönig verbarg um der Sicherheit willen den heiligen Kelch in der Quelle, die am Grunde des Einschnitts zwischen den beiden Hügeln entsprang. Dies ist keine normale Quelle; ihre Wasser steigen aus ungeheuren Tiefen empor, und selbst beim stärksten Sog der Gezeiten ändert sich ihr Fluß niemals. Sie entsprudeln einer Einfassung aus großen, zyklopischen Steinen, gefertigt in alter Handwerkskunst, so wie jene in Stonehenge. Dies war ein heiliger Born der Druiden, ehe christliches Gedankengut Legenden mit ihm verknüpfte. Die Wasser fließen, beladen mit Eisen, rot wie Blut. Doch es gibt hier kein Eisen außer in den Mendips. Das Wasser ist von eisiger Kälte, sommers wie winters. Es muß aus großer Tiefe und Entfernung kommen. Der Name dieser Quelle ist bis zum heutigen Tag »Blood Well«, Blutquelle.

Die Insel Avalon

Es ist noch nicht allzu lange her, daß Avalon eine Insel war. Eine alte Frau, die an der Tür ihrer Hütte saß, erzählte mir, ihre Großmutter habe sich erinnern können, wie das Wasser bis zur Saint-Benignus-Kirche stieg, als die zwanzig Meilen entfernt liegenden großen Deiche an der Bridgwater-Bucht brachen. Alles Land um Avalon liegt tief, etwas mehr als einen Meter unter dem Meeresspiegel, und war bis zum Bau der Deiche eine Salzmarsch. Der Brue, ein unansehnlicher, träge fließender Fluß mit hohen Böschungen auf beiden Seiten, kann nur zur Gezeitenmitte durch große Schwingschleusen, die das Meer zurückhalten, in den Bristolkanal ablaufen. Überall gibt es Wassergräben, die die Wiesen entwässern, jeder mit einer Reihe gestutzter Weiden. In dieser Gegend heißen die Rinnsale »Rhines«, ein Wort, das mit den Ingenieuren aus den Niederlanden gekommen ist, die, in der Kunst des Graben- und Deichbaus bewandert, für unsere Vorfahren dem Meer viel Land abgewonnen haben.

Land unter dem Meeresspiegel

Es gibt eine Geschichte, in der es heißt, daß dem Grafen von Monmouth von einem Astrologen geweissagt wurde, er solle sich vor dem Rhin, dem Rhein, in acht nehmen, denn dort werde ihn sein Schicksal ereilen. In der Nacht vor der Schlacht von Bridgwater erinnerte man sich im Scherz an die alte Prophezeiung, und der Graf meinte, im Augenblick sei er ja auf jeden Fall in Sicherheit. Doch es war einer jener Wassergräben, der sein Heer in Verwirrung stürzte und zu seiner Vernichtung führte.

Die Schönheit der Marschlande

Die Feuchtwiesen sind von jenem Smaragdgrün, das man nur dort sieht, wo das Grundwasser sehr hoch steht. Wenn man im Sommer durch die verdorrten Landschaften der Umgebung reist, erkennt man an der grünen Erde, daß Avalon nahe ist. Überall wachsen blühende Bäume, Büsche und Kräuter. Schon allein die Blumen sind für den Reisenden ein Zeichen. Sage mir, was du gepflückt hast, und ich werde dir sagen, wo du bist und in welcher Richtung Avalon liegt. Kardendisteln und Hahnenfuß und große Rohrkolben mit Fruchtständen wie die Schwänze von verärgerten Katzen findet man hier. Waldreben hängen dem Rauch gleich über den Kalkabhängen der Polden-Hügel, und auf den Kuppen der Mendips wachsen Kiefern und Heidekraut. Die grauen Hügel von Devon am Horizont haben blutrote Erde und sind von einem Meer aus Farnen überwachsen. Und immer und überall stößt man auf Weißdorn, weiß von Blüten oder rot von Früchten. Es ist wirklich eine schöne und liebenswürdige Gegend.

Doch es gibt einen Ort, der im Mondlicht wie

die Hölle aussieht, und das ist dort, wo draußen im Moor der Torf gestochen wird: »drüben Richtung Ashcott«, wie es hier heißt. Der Boden ist pechschwarz, und das satte Grün der üppigen Blätter wirkt böse und finster. Die Straße verläuft hoch zwischen großen Wassergräben, und auf beiden Seiten marschiert die Armee der Toten – schmale, schwarze Pyramiden aus Torf, der zum Trocknen hoch aufgestapelt wurde. Doch dem Torf kann man viel verzeihen, denn er duftet so süß beim Verbrennen. Abends erheben sich blasse blaue Rauchsäulen aus den Schornsteinen der Häuser, und die Luft ist wie von Weihrauch getränkt. Torf ist ein guter Bewahrer. Er erhält, was immer seinem Schutz anvertraut wird. Draußen in den Niederungen, wo ein langsamer Fluß zum Meer kriecht, waren die Wiesen von flachen, grünen Hügeln übersät. Das Vieh graste auf ihnen, und keiner beachtete sie. Sie waren immer schon dagewesen. Keiner fragte sich, wie es kommen konnte, daß diese flachen Hügel sich auf Wiesen emporwölbten, die einst eine Wasserfläche gewesen waren. Eines Tages öffnete sie ein Pflug, und hervor kam die hartgebackene Erde einer vorgeschichtlichen Feuerstelle. Man trug sie ab und fand eine weitere. Und so lagen sie, Feuerstelle über Feuerstelle, so wie einst ein Mensch seine Wohnstätte repariert oder das Wasser des Sumpfes einen neuen Wasserstand angenommen hatte.

Die Hügel geben ihr Geheimnis preis

In jenen frühen Zeiten, als die vom träge fließenden Wasser offengehaltenen Kanäle die

einzigen Verkehrswege durch die Marsch waren, bauten die Menschen ihre Dörfer auf große, eichene Pfähle, die in den weichen Morast getrieben wurden. Der Torf bewahrte sie vor dem Verfall; und das Wasser schützte die Dorfgemeinschaften vor ihren Feinden und lieferte ihnen Nahrung.

Die Menschen konnten damals nur dort leben, wo sie natürliche Verteidigungsmittel fanden. Im Wald liefen sie Gefahr, unvorbereitet von wilden Tieren angegriffen zu werden, auf dem offenen Land von ihren Mitmenschen. Und so bauten sie ihre wunderbaren Siedlungen mit den großen Steinaltären auf unbewaldeten Hügeln, denen niemand sich unbeobachtet nähern konnte – oder aber im

Marschland, wo nur diejenigen, die die Kanäle in dem toten Wasser kannten, die leichten, mit Tierhaut bezogenen Weidenboote durch den Irrgarten der schilfbewachsenen Wasserläufe lenken konnten.

Die Zivilisation begann früh in jenem warmen und freundlichen westlichen Land. Überall finden wir Spuren der frühgeschichtlichen Menschen, ihre Altäre und ihre Feuerstellen.

Als die Mönche kamen

Nur die Mönche führten Buch in jenen Zeiten, als alle Kämpfer zu Barbaren werden mußten, um dem Barbarentum begegnen zu können. Wie die Menschen, die zum erstenmal Getreide in irdenen Gefäßen aufbewahrten, mußten auch sie Schutz vor einer räuberischen Welt suchen. Auch sie fanden ihren Weg auf den alten Wasserläufen in das Marschland, das ihnen Schutz vor Feinden gewährte.

Doch die Mönche wollten fruchtbare Gärten und frisches Wasser; sie waren nicht zufrieden mit den brackigen Teichen, die den Bewohnern der Sümpfe genügt hatten. Sie kannten das Wechselfieber, das die Marschbewohner schüttelte. Und so wählten sie die Apfelinsel Avalon zu ihrer Heimat: jene Gruppe von sanft gerundeten Hügeln, die sich um den Fuß des steilen »Tor« ausbreitet, der wie eine Flamme aus ihrer Mitte aufsteigt.

Dort lebten die Mönche auf einem fruchtbaren Boden voller guter Quellen, und ihr zivilisatorischer und humanisierender Einfluß erstreckte sich bis über das Marschland hinaus zu den fernen Hügeln, wo sie ihre Steine bra-

Steinmale der Urzeit inmitten sanfter Wiesenlandschaft

chen. Sie schrieben und zeichneten ihre herrlichen Bücher:

In der Mönche bedächtiger Art gemacht,
Aus Silber und blutroter Muschel,
Mit Bildern, klein und fürchterlich,
Schlüssellöcher zu Himmel und Höll'.

Hier lebte das Wenige an Kultur, das in jenen dunklen Zeiten Bestand hatte. Hier wurden Gärten bestellt, die Kranken gepflegt und die Kinder unterrichtet. Noch heute deutet die große graue Wand die Grenze der Domäne der Mönche an; noch heute bewahrt die alte Zehntenscheuer die Ernte; und die vier Evangelisten blicken von ihrem Dach in ihre Himmelsrichtungen und haben ein Auge auf den Kirchenzehnten.

Glastonbury ist nicht nur tief in der Vergangenheit verwurzelt, sondern die Vergangenheit lebt weiter in Glastonbury. Überall um uns herum bewegt sie sich und atmet, still, doch lebendig und aufmerksam. Wir können hier ihren Herzschlag hören, wenn wir das Ohr an den Boden legen. Ihr Herzblut strömt in den klaren Quellen von Avalon und in den langsamen Wasserläufen des Marschlandes. Schicht unter Schicht liegt der Geist der Vergangenheit in Avalon, genau wie die Feuerstellen eines alten Volkes zwischen den Teichen von Meare. Wir, die wir lieben, können lauschen, und Avalon spricht.

Das Avalon der keltischen Heiligen

Es breitet sich noch eine andere Atmosphäre über dem Klosterbereich außer jener der mittelalterlichen Kirche, die über der Stadt liegt wie Weihrauch. Wenn man vom großen Hauptschiff der Abtei in die Saint-Joseph's-Kapelle kommt, ist einem, als trete man aus einer Welt in eine völlig andere. In der Überlieferung heißt es, daß diese schöne und verwinkelte Kapelle um die alte Weidenkirche der frühesten christlichen Missionare unserer Inseln herumgebaut wurde, und es gibt kaum einen Grund, das zu bezweifeln.

Die keltischen Christen

Es lebten auf diesen Inseln schon Christen, bevor Rom seine organisierende Hand ausstreckte. Es gab eine alte keltische Kirche, die den Papst nur als einen unter vielen Bischöfen anerkannte. Und es bestanden drei heilige Zentren in Britannien, von denen das Licht des Westens ausging. Das größte von ihnen war Glastonbury.

Die Historiker sagen, daß das Christentum zuerst von Irland, der Insel der Heiligen, zu uns gebracht wurde, doch die Legende weiß, daß es direkt aus Palästina kam. Wie auch immer es gewesen sein mag – es war in Avalon, wo das Christentum Britanniens zum erstenmal das Licht des Tages erblickte, und die alte Weidenkirche war seine Wiege.

Versammlungsort der Heiligen

In Glastonbury haben so viele heilige Männer gebetet und sind auch hier gestorben, daß die spirituelle Atmosphäre auch in unseren Tagen noch lebendig und warm ist. Der Staub der Heiligen, der sich hier mit der Erde vermischt, weiht sozusagen den Grund unter unseren Füßen. Es gab hier keine Märtyrer, bis Heinrich VIII. unter seinen Opfern wütete; die Menschen heiligten Glastonbury durch ihr Leben, nicht durch ihren Tod.

Der heilige Patrick überquerte das irische Meer in seinem geflochtenen Boot und kam hierher, um die Einsiedler zu organisieren. Auch die heilige Brigida, die sanfteste unter den Einsiedlern, hatte ihre Zelle auf Beckary, einer flachen Erhebung hinter dem Wearyall-Hügel. Dort hinterließ sie ihre Webwerkzeuge; und vor einigen Jahren fand ein Schäfer an dieser Stelle eine bronzene Glocke von sehr alter Machart, die er der Kapelle von Chalice Well übergab, wo ihre zwei hellen Töne morgens und abends zum Gebet rufen. Daß diese Glocke einer Frau gehörte, ist sicher, denn die Löcher für die Finger, an denen man sie hält, sind so klein, daß nur die Finger einer weiblichen Hand hineinfassen konnten.

Der heilige David kam aus Wales mit sieben anderen Bischöfen hierher, so sagt die Erzählung, um die neuerbaute Kirche der Jungfrau

Maria zu widmen. Doch jene erschien ihm in einem Traum und bedeutete ihm, die Kirche sei ihr schon durch die Heiligkeit des Bodens geweiht, und so segnete der gute Heilige die frommen Männer der Insel und reiste wieder ab, zum Ruhme Gottes.

Artus und das Kristallkreuz

In Beckary sah König Artus, den ein Traum, den er im Nonnenkloster auf dem Wearyall-Hügel geträumt hatte, nach dort führte, das wunderbare Sakrament, in dem das heilige Kind selbst das Opfer auf dem Altar war, dorthin gelegt von seiner Mutter. In Bridget's Isle, genannt »Klein-Irland«, gab die Muttergottes Artus das wundervolle kristallene Kreuz, das er später der Abtei von Glastonbury überließ. Dieses kristallene Kreuz war in seinen Schild eingraviert, und später machten es auch die

Fast scheint es, als wäre die Zeit stehengeblieben: ein magisches Land, bestückt mit trutzigen Burgen

Blick durch die Ruine des mächtigen Kirchenschiffs von Glastonbury

Mönche der Abtei zu ihrem Wahrzeichen. Bis zum heutigen Tage kann man es auf ihrem Wappenschild sehen.

Heiliges Leben ohne Klosterregeln

Man kannte zu jener Zeit keine wirklichen Klosterregeln. Heilige Männer lebten als Einsiedler an geweihten Orten, jeder war sein eigenes Gesetz. Doch langsam entwickelten sich aus der Nähe, in der sie zueinander lebten, gewisse gemeinsame Regeln. Frauen waren aufgrund der Gefahren jener Zeit selten allein, sondern mußten zu ihrem eigenen Schutz notgedrungen hinter starken Mauern leben. Die heiligen Frauen haben wohl die etwas außerhalb gelegene Erhebung von Wearyall mit der dazugehörigen Insel Beckary für sich gehabt, denn bevor die großen Deiche die Bridgwater-Bucht zähmten, erreichte die Flut noch den Fuß des Wearyall-Hügels, und alles, was jetzt Moor ist, war Salzmarsch, erfüllt von den Schreien der Seevögel.

Es existierte in Glastonbury kein geregeltes Klosterleben, bis die Benediktiner ihre Lehre und ihre Regeln hierherbrachten. Das früheste Christentum auf diesen Inseln war nicht römisch, sondern keltisch, und für die keltischen Christen war der Papst nur ein Bischof unter vielen. Fromme Männer und Frauen trugen das Licht des Glaubens zu den wilden Stämmen des Nordens und Westens, doch sie erhielten ihre Inspiration nicht aus Rom, sondern aus dem heiligen Irland. Aber langsam nahm der Einfluß Roms auf die verstreuten Kirchen zu; die ursprünglichen und einfachen örtlichen Regeln und Traditionen wurden aufgesogen und vereinheitlicht, bis es nur noch eine christliche Kirche gab.

Irland und Rom, Grundpfeiler der Größe Glastonburys

Die Gläubigen, die im Umkreis der heiligen Quelle von Glastonbury lebten, wurden unter den Regeln des heiligen Benedikt organisiert; die Abtei begann zu wachsen, und die Saint-Joseph's-Kapelle wurde genau so gebaut, daß sie die bescheidene Weidenkirche der ersten Einsiedler einschloß. Kunst und Wissenschaft kamen nach Glastonbury, und das große Anwesen, das die Mönche ernährte, wurde gebaut. So finden wir noch heute weit draußen im Moor das Wappen des Klosters über den Türen der schönen alten, aus Stein erbauten Landsitze, die bis zum heutigen Tag erhalten geblieben sind.

Weit von London und den aufrührerischen

Gebieten einzelner Barone wuchs Glastonbury, im Schutz seiner Menschen, zu einem Garten des christlichen Lebens heran. Es gab auf diesen Inseln keinen anderen Ort, der ihm in der Länge der Tradition gleichkam, denn schon in seinem ersten Heiligen hatte es eine Verbindung zu Christus selbst. Jahrhundert um Jahrhundert wuchs das spirituelle Leben des Ortes wie ein großer Rebstock, und jenes Dasein scheint, allen Berichten nach, von einzigartiger Reinheit durchdrungen gewesen zu sein.

Spirituelles Zentrum Europas

Glastonbury ist geweiht durch die Gebete und den Staub heiliger Männer und Frauen. Generationen von Engländern beschritten den Pilgerpfad durch die Marschen, und Blicke aus ganz Europa wandten sich hierher wie zu einem Heiligtum. Es ist dieses lebhafte spirituelle Leben, das das unsichtbare Avalon entstehen ließ; es ist die Wärme dieses Glaubensfeuers, die unser Herz heute erwärmt, wenn wir auf dem »heiligsten Boden Englands« stehen. Hier sind die Steine so voller Erinnerungen, daß wir uns erinnern müssen, und unsere Seele wird bewegt und denkt an Gott.

Denn auf diesem Eiland im Marschland ist so viel an Gott gedacht worden, man hat ihn hier so sehr geliebt und verehrt, daß seine Nähe spürbar und der Schleier, der das Heiligste verdeckt, nur sehr dünn ist. Ob Gott so nahe nach Glastonbury kam, wer weiß? Doch Glastonbury kam Gott sehr entgegen, und der Wohlgeruch seiner Gegenwart ist weiterhin zu spüren.

Wearyall

Von der Peripherie Glastonburys aus erstreckt sich eine lange, schmale Erhebung in die Marschen hinein. Auf ihrem nördlichen Abhang befindet sich eine kleine Pflanzung, die berüchtigt ist für die Nattern, die hier leben; an ihrem äußeren Ende steht eine einzelne Eiche; der Rest ist von dichtwachsendem, süßem Hügelgras bestanden, grün, wie es nur das Gras im Westen ist. An ihrer Südseite entlang führt eine schmale Straße, die sich mit der launischen Mißachtung jeder menschlichen Bequemlichkeit, die für alte Wege so charakteristisch ist, hebt und senkt und den Biegungen des Untergrunds folgt, denn sie ist zu Zeiten entstanden, als der Mensch hier noch nicht die Oberhand über die Natur gewonnen hatte.

Auf der Nordseite verläuft in der Niederung die neue Straße nach Street, dem Ort der Quäkerfabriken inmitten der grünen Feuchtwiesen. Am Ende des Wearyall-Hügels treffen die zwei Straßen dort aufeinander, wo die alte Flußbrücke liegt, die Pons Perilis der Artuslegende.

Gemeinsam erzählen diese beiden Straßen

eine Episode aus Englands Geschichte, eine Geschichte, die in den Straßenkarten unseres Landes geschrieben steht, wenn wir uns die Mühe machen, darin zu lesen. Warum windet sich die alte Straße am Hügel entlang, und warum führt die neue Straße gerade durch die Felder? Warum treffen sie sich bei der Brücke und verlaufen von dort aus vereint, mit neuem Schotter auf den alten Pfählen, in schnurgerader Linie zu den fernen Polden-Hügeln, um dort wieder die Anhöhe zu erklimmen und ihren Vertiefungen und Windungen nach Bridgwater zu folgen?

Wie Marschland zu fruchtbarem Weideland wurde

In alten Zeiten waren die grünen Wiesen um Glastonbury Marschen. Bis zum heutigen Tag sind sie von den Deichen Bridgwaters abhängig, die sie vor den Springfluten bewahren. Zwischen allen Feldern verlaufen tiefe Wassergräben, die ihren Inhalt in die mit hohen Uferböschungen bewehrten Flüsse leiten. Über einem so unsicheren Untergrund konnte eine Straße nur auf einem Damm geführt werden; daher führten die alten Wege so lange wie nur möglich über den festen Boden, denn der Kampf mit dem steilen Gefälle war weniger mühsam als die Überwindung der morastigen Niederungen. Heute sind die Marschen durch Wassergräben entwässert, die Deiche werden wie Gräben gehegt, und die stinkenden Salzmarschen, in denen die Moormenschen ihre Wohnstätten hatten, sind zu fruchtbarstem Weideland geworden.

Die neue Straße führt auf geradem Wege durch die Niederungen, doch die alte, gewun-

In alten Zeiten waren die grünen Wiesen von den Deichen abhängig, die sie vor der Springflut bewahrten

dene Hügelstraße ist die erinnerungsträchtige. Entlang der neuen Straße stehen die roten Ziegelhäuser, die Tankstellen und die Cafés; an der gewundenen Hügelstraße die alten Häuschen, aus schwerem Mendip-Stein in großen Blöcken erbaut, manche von ihnen in verwaschenem Blau, Ocker oder Rosa. Ihre niedrigen Türen öffnen sich direkt auf den Weg aus riesigen Pflastersteinen, sechsmal so groß wie einst ein Pflasterstein in London. Diese Häuschen sind sehr alt. In ihrem Mauerwerk gibt es keinen Stein aus der Abtei; sie waren schon dort und boten ihren Bewohnern ein Heim, als die Abtei der Mittelpunkt des Lebens in Glastonbury war und die Menschen glaubten, sie würde für immer dort stehen.

In doppelter Reihe säumen sie die Straße, wie sie mühsam den Hügel emporklimmt. Die

Menschen suchten in früheren Zeiten die Anhöhe, um dem Wechselfieber der Marschen und den Unbillen der engen Gassen und Höfe der mittelalterlichen Stadt zu entkommen. Nach und nach verdünnt sich das Häuserband längs der Straße nur noch zu einer Reihe, bis die Straße schließlich ihren Weg allein weitersucht, sich senkt und erhebt über die Vorsprünge des Hügels hinweg, um genau zur Brücke hinunter steil abzufallen. Hier treffen sich der alte und der neue Weg, denn es ist der einzige feste Untergrund in einer Umgebung von mehreren Kilometern. An einem anderen Ort hätte eine Brücke große Widerlager gebraucht, und genau wie der erste schmale Streifen Kies an der Themse die Lage Londons bestimmte, so bestimmt hier das Geröll vom Wearyall-Hügel, wo die neuen Motor- und die alten Pferdefahrzeuge den Brue überqueren sollen. Jede Straße erzählt ihre Geschichte, wenn wir uns nur die Mühe machen, sie zu lesen; sie wird nie aufs Geratewohl gebaut – es gibt immer ein menschliches Bedürfnis, das dahintersteckt –, und in den verlassenen Wegen und den modernen Hauptverkehrsadern können wir die Geschichte des industrialisierten England lesen.

Die alte und die neue Straße

Der Fluß und die Straße machen aus der Kuppe des Wearyall-Hügels einen geschichtsträchtigen Ort. Boote, die den Fluß heraufkommen, finden hier den ersten vernünftigen Landeplatz. Und so stieß auch Joseph von Arimathia seinen Stab in den Boden des Wearyall-Hügels. Die Straße, die von Pfählen im marschigen Untergrund getragen wird, ist ein verlassener Weg, bis sie am Ende des langen, flachen Hügels festen Untergrund erreicht. Darum mußte hier die erste Herberge für Reisende nach dem ermüdenden, langen Weg über die schwarze Straße durch die Marsch stehen. Darum verbrachten hier die Artusritter auf der Suche nach dem Gral die letzte Nacht ihrer Pilgerschaft, denn mittelalterliche Städte schlossen ihre Tore mit der Dämmerung, und die Reisenden mußten außerhalb der Mauern übernachten, wenn sie nach Einbruch der Nacht ankamen. Wie muß es wohl gewesen sein, wenn die Pilger, erschöpft von der letzten großen Etappe ihrer Reise, die durch die Marschen führte, die Lich-

Die Herberge der Gralsritter

Heute werden die Deiche wie Gräben gehegt: der Reiz der saftiggrünen Wiesenlandschaft ist unverändert

ter der heiligen Stadt Englands zwischen ihren Hügeln wahrnahmen und bei Sonnenaufgang das Öffnen der Tore erwarteten?

Der Hügel der heiligen Frauen

Es heißt, daß sich auf dem Wearyall-Hügel die heiligen Frauen niederließen, von der Heiligkeit Glastonburys angezogen, abseits der lärmenden und zänkischen Zwietracht, die in den schmalen Gassen der Stadt herrschte. Sie waren es daher, die sich um die Herberge kümmerten, für die Bedürfnisse der Reisenden sorgten. Draußen, jenseits des Wearyall-Hügels, lag auf einem flachen Inselchen im Marschland eine Einsiedelei für jene, die völlige Einsamkeit suchten. Die Marschen schützten sie vor dem Eindringen Fremder; die Menschen aus der Gegend verehrten sie. Dort, unter dem Schutz ihrer eigenen großen Reinheit, dienten und verehrten die heilige Brigida und ihre Gefährtinnen Gott, umgeben von der Stille der unbeweglichen braunen Moorwasser.

Es stand eine Kapelle neben Pons Perilis, von der die Brücke ihren Namen bekam. Es waren nicht die Gefahren der Flußüberquerung, die die Menschen diesen Ort fürchten ließen, sondern tiefe innere Ängste, die den Pilger hier auf der letzten Stufe seiner Reise befielen. Hier war der letzte Punkt, an dem der Teufel ihm etwas anhaben konnte, denn jenseits begann der heilige Boden; und der Pilger mußte hier während der Stunden der Dunkelheit warten – der Zeit, die dem Teufel gehörte. Die Gralsritter schliefen nach ihrer Reise durch die Marschen niemals an diesem Ort; sie wachten, bis der alte

Priester kam, um die Mitternachtsmesse zu zelebrieren – eine Messe, die sich vor ihren Augen in eine teuflische Orgie zu verwandeln schien. Es ist die alte Geschichte von den Prüfungen, die der Seele des Pilgers auferlegt werden, wobei sich mit der letzten heilige Dinge in das abgrundtief Böse verwandeln.

Die letzte Stufe der Pilgerschaft

Doch wenn die Ritter standhaft blieben und sie die lange Wache durchhielten, ohne einzuschlafen, dann wurde am frühen Morgen eine Messe gefeiert, in der der Sohn Gottes leibhaftig vor ihren Augen erschien. Danach zogen sie weiter zur heiligen Erde Avalons, um vom Fischerkönig erquickt zu werden und den Gral mit seiner jungfräulichen Wache zu schauen. Und manche starben bei diesem Anblick vor Glück, und keiner wandelte je wieder wie ein Mensch unter Menschen. Die Straße über den Wearyall-Hügel ist die letzte Stufe der Pilgerschaft.

Hier am Ende des Wearyall-Hügels empfing König Artus das kristallene Kreuz aus den Händen der Jungfrau Maria – das Kreuz, das er auf seinem Schild und seinem Banner trug und unter dem er kämpfte und die Heiden unterwarf; das Kreuz, das später von den Äbten von Glastonbury in ihr großes Siegel geschnitten wurde.

Die Vision des Artus

Eines Nachts, so wird erzählt, wurde König Artus, als er von den Nonnen von Wearyall in ihrer Herberge aufgenommen worden war, im Traum aufgefordert, zu der Kapelle bei der Pons-Perilis-Brücke zu gehen; und dort wohnte er einer Mitternachtsmesse bei, in der die heilige Jungfrau selbst dem Altar diente und dem Priester ihr Kind als Opfer gab.

Am Ende jenes mystischen Mahls nahm sie von ihrem Hals das kristallene Kreuz und reichte es dem König, damit er mit seiner Macht und Reinheit die Heiden besiegen könne. Und so kämpfte er nicht mehr unter dem scharlachroten Drachen von Wessex, sondern unter dem reinen, weißen Kreuz der heiligen Jungfrau. Das war die größte Nähe zur Vision des heiligen Grals, die Artus je erreichte.

Heilige Stadt zu Füßen heiliger Hügel

Wenn man hier auf der Kuppe des Wearyall-Hügels steht und auf die Stadt mit ihren roten Dächern zwischen Gärten und Talmulden zurückblickt, dann liegt einem die ganze Geschichte unseres englischen Jerusalems zu Füßen; der träge fließende Fluß, der das Dorf der Moorbewohner schützte; der Landeplatz des Joseph; die Kapelle, in der die Ritter wachten; die ganze Geschichte Avalons berührt jene lange, schmale, einem Walrücken ähnelnde Landzunge, die in die Marschen hinausragt; und es ist viel mehr das Land und seine Lebensweise, die die Geschichte bestimmen, als der Wille der Könige.

Der heilige Dornbusch

Gerade innerhalb des Klosterbereichs, dicht bei einer alten, grauen Wand, die von der Sonne aufgewärmt wird, steht ein knorriger Weißdorn mit wenig Laub und dünnen Ästen, alt und schwach. Dieser schäbige und von der Zeit gezeichnete Baum wird von Pilgern aus aller Welt verehrt, denn er ist ein Nachkomme vom Stab des heiligen Joseph. Leider ist er nicht der Stab selbst – ein puritanischer Eiferer fällte jenen als Akt des Pietismus zur Zeit Cromwells –, dennoch ist er ein direkter Abkomme, denn man hatte von dem berühmten Baum ein Reis genommen und in den Garten der Mönche gepflanzt.

Blüten mitten im Winter

Es gibt noch einen Artverwandten dieses Baums von gleicher Herkunft, der etwas üppiger aussieht und vermutlich jünger ist; er steht auf dem Kirchhof der schönen Saint-John's-Kirche, und von ihm stammen die Blüten, die jedes Jahr außerhalb der eigentlichen Blühzeit den Hochaltar zum Christfest schmücken. Mitten im Winter, wenn der Wind kalt ist und der Himmel düster und grau, blühen beide Bäume zum zweitenmal, und Büschel von sahneweißen Blüten hängen zwischen verdorrten Beeren und kahlen Zweigen.

Botaniker sagen, die alten Bäume seien in unserer Gegend Fremde, sie gehörten nicht zu der englischen Dreiheit von »Eiche, Esche und Weißdorn«, sondern seien Vertriebene hier an den stillen Mooren des Westens. Sie vergessen ihre zionistische Abstammung nie, und wenn dort im Heiligen Land der Frühling beginnt, treiben sie hier in der unwirtlichen Umgebung Knospen und Blüten, denn sie sind levantinische Weißdornbüsche, und die Sage von ihrer Ankunft in Glastonbury geht über die geschichtliche Zeit hinaus, zurück in die Nebel der Legende. Es gibt im Westen nicht noch mehr solche Bäume, nur diese beiden in Avalon und ihre Nachkommen.

Wie der levantinische Weißdorn nach Glastonbury kam

Die Überlieferung kennt keinen Zweifel über ihren Ursprung. Ihr Vorfahr war der Stab, der den bejahrten Joseph von Arimathia stützte, unseren ersten Missionar. Nach dem Tode von Jesus Christus, als die Christenheit begann, sich im Nahen Osten und um das Mittelmeer herum auszubreiten, bekam der alte Heilige den Auftrag, das Christentum zu den Inseln im Westen zu bringen. Und er folgte der Route der Zinnschiffe, die immer nach Nordwesten steuerten, bis er vor sich eine Erhebung in der Form des Berges Tabor, des Hügels der Vision, sah. Und dort landete er, ließ sich nieder und erzählte den wilden Stämmen der Urwälder und der Marschen seine Geschichte. Und sie waren nicht so wild, daß sie die Geschichte des Chri-

Bäume und Büsche mit sagenumwobener Abstammung

stuskindes nicht hätten verstehen können, und sie gaben dem alten Mann, der im Namen des Friedensfürsten gekommen war, Land, fruchtbar und mit guter Bewässerung, damit er und seine Brüder in ihrer Mitte bleiben und ihnen die frohe Botschaft verkünden konnten.

Am Wearyall-Hügel, der langen, flachen

Landzunge, die in die Marschen hineinragt, dem ersten festen Grund zwischen Avalon und dem Meer in jenen Tagen, setzte der heilige Joseph seinen Fuß auf englisches Land, und er stieß seinen Stab in den warmen, roten Boden des Westens, als er Besitz von unseren Inseln ergriff für das spirituelle Reich seines Herrn – ein Gebiet, das nicht mit den Händen geschaffen wird, sondern auf ewig im Himmel besteht.

Ein Stab erwacht zu neuem Leben

Der freundliche Boden des Westens empfing den abgenutzten alten Stab mit Liebe, so daß das Leben von neuem in den trockenen Fasern erwachte. Und siehe, er knospte und blühte, grüne Blätter kamen hervor, und sahneweiße Blüten zeigten sich über den grauen Wintergräsern der Wiesen von Somerset. Und so verbrachte der müde, alte Heilige sein erstes Christfest hier, und der Stab war ihm ein Versprechen, das sein Herz zwischen unseren grauen Feldern und wallenden Nebeln und dem niedrigen Winterhimmel erfreute. Der Weißdorn von Glastonbury war der erste Christbaum auf unseren Inseln.

Durch das Wunder des blühenden Stabes drückte Gott der Mission des heiligen Joseph sein Siegel auf. Die Vision des Hügels in Form des Berges Tabor hatte sich erfüllt, und dieses abschließende Wunder ließ keinen Zweifel mehr in den Gemütern der kleinen Gruppe zu. Mit Freuden erbauten sie die erste Kirche in Britannien aus Weidenzweigen, die sie an den Ufern des langsam fließenden Brue geschnitten hatten, und verputzten sie mit Schlamm aus den Gräben, die das Weideland um den Fuß des »Tor« entwässerten.

Der Weißdorn verwurzelt das Christentum

Und ihre große Hoffnung wurde belohnt, denn die Menschen aus den Marschen und von den Mendips und sogar die Fischer vom Severn freuten sich der frohen Botschaft und hießen sie willkommen, als hätten sie sie seit langem erwartet und geliebt.

Hier entstand auch eine der ersten und bedeutendsten Steinkirchen der Inseln, denn die Menschen aus dem Westen, die die Botschaft aus dem Munde jener hörten, die sie von unserm Herrn vernommen hatten, waren wohlunterrichtet und kehrten nie zu ihren alten Göttern zurück, sondern liebten und verehrten Jesus Christus in ihren Herzen und huldigten ihm mit ihren Händen, so daß man sagt, ein Mann könne die ganze Länge und Breite des Westens durchreisen und am Tage niemals die herrlichen Türme aus den Augen verlieren noch bei Nacht den Klang der süßen Glocken überhören. In früheren Zeiten wurde bei Sonnenuntergang eine Laterne in den Kirchturm gehängt, die den Reisenden auf ihrem Weg durch die Marschen als Führer diente, und bis zum heutigen Tag kann man in vielen Türmen noch die Laternenfenster sehen. In manchen Kirchen wird der ehrwürdige alte Brauch beibehalten und in der Dunkelheit noch dann und wann die Glocke geläutet, damit Wanderer sicher nach Hause finden.

Alte Weißdornbüsche stehen in einigen dieser Kirchhöfe – Ableger der Ableger des Stabes

Sonnenlicht flutet durch das Fenster der einstigen Abteiküche von Glastonbury

des alten Heiligen. Die Menschen des heutigen Somerset, die ihre Toten zwischen den verflochtenen Wurzeln begraben, kennen die Geschichte dieses »Reisenden« aus fernen Ländern nicht, der zwischen den Eiben wächst, denn die Bäume, die nicht im »heiligsten Boden Englands« wurzeln, haben auch nicht mehr die Angewohnheit, zu Weihnachten zu blühen. Doch ihre breiten, weichen Blätter – von dunklerem Grün als das unseres englischen Weißdorns – kennzeichnen sie in den heimischen Hecken, ähnlich wie die dunklen Augen und die olivfarbene Haut des alten Heiligen und seiner Gefährten sich von der weißen Haut und den grauen Augen der Einheimischen abgehoben haben müssen.

Die Symbolhaftigkeit heiliger Dinge

Doch in anderen Kirchhöfen gibt es junge, schlanke Weißdornbüsche, sorgfältig gehegt und verehrt, als heilige Reliquien von Pilgern der heutigen Zeit mitgebracht, die mit dem Zug und dem Auto nach Avalon kamen. Und wenn sie auch nicht mehr ihrer Tradition der weihnachtlichen Blüte folgen, fern von dem milden Inseltal Avalons,

Wo fällt kein Hagel, Regen oder Schnee,
Noch je der Wind zu heftig weht,

so sind sie doch Zeugen der neuen Bemühungen um die schöne Symbolhaftigkeit heiliger Dinge. Glastonbury, die Insel der Heiligen, ist wieder unser englisches Jerusalem, und aus seinen tiefen Quellen wird süßes Wasser zur Erfrischung der Seele geschöpft. Wir werden uns wieder des unschätzbaren Geschenks eines heiligen Orts bewußt, und die zwei alten Bäume lauschen den Hymnen, wenn sich Priester und Gemeinde in einer Prozession durch die Straßen der Stadt mit den roten Dächern von dem einen Baum zum anderen bewegen. Der Weihrauch zieht wieder durch die knorrigen Äste, und Chormäntel und andere Kirchengewänder glänzen prächtig neben den dunklen Blättern, denn die Kirche erinnert sich ihres Erbes.

Das Glastonbury der Mönche

Es gibt viele Glastonburys, denn obwohl die Mauern der Abtei nie niedergerissen wurden wie die Wälle Trojas, hat ihr Geist noch verborgene Schichten, Tiefe unter Tiefe, wie die Felsen eines Gebirgszuges, und an manchen Stellen kommen sie zum Vorschein. Die altehrwürdigen Höfe und die niedrigen Eingänge der alten Häuser stammen aus dem Mittelalter, und die spirituelle Kraft der mittelalterlichen Kirche schwebt über der Stadt. Die Hand des Abtes regierte das gesamte umliegende Land, denn die Ländereien des Klosters waren ausgedehnt, und Gutshöfe und kleinere Gehöfte erkannten seine Gesetze an und zahlten Abgaben in seine Scheuern. Das Wappen des Klosters ist noch auf vielen grauen Bauernhäusern draußen im Moor zu sehen.

Wie ein Kloster seine Umgebung prägt

Dem Abt oblagen das Wohlfahrtswesen und die Rechtsprechung jener Tage, das bezeugen die Steine Glastonburys. In der Stadt stehen zwei Reihen von Häusern mit niedrigen Dächern, Steinböden und schweren Holzwänden, die eine für alte Männer und die andere für alte Frauen, und zu jeder gehört eine kleine Kapelle, denn die Mönche kümmerten sich ebenso um die Seelen der Bewohner wie um deren leibliches Wohl. Die alten Frauen verbringen den Lebensabend im Schatten der Abtei; die fröhlichen Gärten reichen bis an ihre Begrenzung, und der heilige Weißdorn legt sich über ihre Mauer. Am Ende der kleinen Gärten liegt die Kapelle des heiligen Patrick mit ihrem Altar aus rohen Ziegeln. Als die zornigen Hände der Reformation die edle Kirche niederrissen, wurde die kleine, niedrige Kapelle, die für das Seelenheil der alten Frauen zuständig war, verschont. Die großen Türme, die sie überschatteten, fielen, doch die Glocken von Saint Patrick rufen noch heute zum Gebet.

Zerstört und doch voller Magie

Das große Hauptschiff der Abtei öffnet sich ohne Dach dem Himmel entgegen; ihre zerbrochenen Bögen ragen hoch auf, und ihre grauen Mauern stehen. Wo sie Lücken aufweisen, übernehmen alte Buchen die Last. Der Kirchenboden ist von vollendetem Grün, einem Grün, wie es nur auf englischem Boden beheimatet ist. Der Himmel dieses westlichen Landstrichs strahlt in einem Blau von italienischer Tiefe, und das Grün am Boden, das Blau darüber und die grauen Steine, die beides verbinden, verleihen Glastonbury eine magische Ausstrahlung auf die Seele, wie man sie bei unzerstörten Kirchen nicht finden kann.

Die großen Äbte, die den Bau errichten ließen, verherrlichten Gott in der Schönheit ihrer Abtei, fügten Kapelle, Vorraum und Bögen hinzu. Die Gebäude des Klosters reichten von

Das Glastonbury der Mönche: Bauweise und Mauerwerk von Küche und Abtei sind ebenso schön wie das der Kirche

der schönen, kreuzförmigen Zehntenscheuer im Südosten bis zum Bogengang, der im Nordwesten auf das Marktkreuz herunterschaut. Innerhalb der großen Mauern grasen heute Kühe und reifen Mostäpfel. Der Boden ist grün, dicht bewachsen und weich, wie es sich für einen Boden gehört, der viel betreten wird. Blasse, schattenhafte Linien von Vertiefungen und erhöhten Rändern zeigen, wo die alten Fußpfade verliefen. Draußen im offenen Feld steht die Küche des Abts, ein Denkmal vergangener Größe. An jeder ihrer vier großen Feuerstellen konnte man einen ganzen Ochsen braten.

Die Bauweise und das Mauerwerk der Küche sind ebenso schön wie die der Kirche, und sie steht noch immer, von der Zeit unberührt. Ihre Erbauer waren ehrliche Menschen, und für ihre Mauern wurden massive Steine verwendet. Leider war das bei der Abtei nicht so. Der

Ehrgeiz eines der Äbte führte dazu, über ihre Mittel zu bauen: Die eingestürzten Mauern zeigen heute das rohe Bruchgestein, das für die großen Pfeiler verwendet wurde; wo solides Mauerwerk das Gewicht hätte tragen sollen, wurden Lehm und Ziegelbruch zwischen Schichten behauenen Steins eingefügt. So edel das Gebäude auf den Betrachter wirkte, es waren doch ständiges Abstützen und Untermauern nötig, für die Nachfahren eine schwere Hypothek. Es blieb ihnen verwehrt, ihre Namen in Stein zu verewigen, und sie waren ständig damit beschäftigt, das Gebäude zu erhalten, damit es nicht über ihren Köpfen zusammenfiel, eine Arbeit, für die andere den Ruhm ernteten. Schließlich wurden wunderbare hängende Bögen, wie man sie auch in der Kathedrale von Wells sehen kann, unter dem großen Glockenturm eingefügt. Ein phantastisches Stück Baukunst, diese große steinerne Acht, die sich ungestützt und ohne Querverstrebungen zwischen Boden und Decke spannt und die Last des Turms und seiner Glocken trägt.

Ein Gebäude verkommt zum Symbol menschlicher Eitelkeit

Im Süden der großen Kirche lagen die Klosterzellen, gegen Norden durch die hohen Mauern des Chors geschützt und nach Süden der Sonne zu geöffnet, denn die Mönche liebten es, ihre alten Knochen zu wärmen, während sie in ihren Zellen auf- und abschritten. Wenn Shakespeare recht hat, bekamen sie bei diesen Promenaden einen ordentlichen Appetit auf die guten Kapaune, die ihre braven, runden

Bäuche füllen würden. Es gab zweifellos reichlich gute Kapaune für ein Kloster, in dessen Besitz sich so viel fruchtbarer Boden befand. Und dennoch sind uns keine Klagen über zu großen Müßiggang der Mönche von Glastonbury bekannt. Sie scheinen in Frieden mit all ihren Nachbarn gelebt zu haben, außer mit dem Bischof von Bath und Wells, der seine eigenen Ansichten über ihre Unabhängigkeit und ihre Privilegien hatte. Und auch die Leute aus der Stadt waren ihnen nicht unfreundlich gesonnen.

Zentrum der Gelehrsamkeit und Handwerkskunst

Die Mönche waren bekannte Gelehrte, und die Söhne vieler edler Häuser wurden von ihnen unterrichtet. Im Süden des Klosterhofs lag das Skriptorium, wo mit fleißiger Sorgfalt und Kunstfertigkeit Manuskripte ins reine geschrieben wurden. In das Kloster auf seiner Insel im Marschland gelangten seltene Farbpigmente aus der ganzen zu jener Zeit bekannten Welt. Die Stachelschnecken aus dem Mittelmeer, die den Purpur lieferten, die rote Farbe aus dem Osten und sogar so wunderliche Zutaten wie zermahlene Mumien, die bei unseren Ahnen ein beliebter Farbstoff waren. Die Flechten der klostereigenen Apfelbäume lieferten ein schönes Gelb, was sie auch heute noch für viele Künstler der Gegend tun.

Es war Peter Lightfoot, einer der Mönche des Klosters, der die herrliche Uhr anfertigte, die sich jetzt in der Kathedrale von Wells befindet. Auf ihr kann man nicht nur Stunden und Minuten ablesen, sondern auch den Wochentag

NEQUID PEREAT

und die Mondphase. Jede Stunde kommt eine Gruppe von Rittern aus dem Innern der Uhr und bestreitet mit lautem Klingen und Krachen ein Turnier, und die Vorfahren von Gog und Magog sind verantwortlich für das Glockenspiel. Dieser wunderbare Zeitmesser war ein großes Spielzeug, und wir können daraus viel ersehen über die Mentalität des Mannes, der es gefertigt hat – und auch des Abts, der es ihm erlaubte.

Fische für das Kloster

Draußen in den Feldern hinter der Küche des Abts liegt ein kleiner runder Teich, eingefaßt von abgenutzten Steinen und bedeckt mit Seerosenblättern. Hier hinein wurden die lebenden Fische gesetzt, die man für die Freitage bereithielt. In den Marschen Richtung Meare gibt es ein altes Steingebäude von kirchlichem Charakter, etwa in der Art einer Kapelle. Das war das Fischerhaus des Abts, in dem man die in den träge fließenden Bächen der Marschen gefangenen Fische räucherte und aufbewahrte. Genau dahinter dehnen sich die Felder mit den niedrigen, runden Hügeln aus, die die Wohnstätten eines alten Volkes markieren, das auch in jenen Gewässern fischte.

So liegen die Erinnerungen Schicht unter Schicht schlafend in diesem guten Boden. Die Mönche lebten ihr Leben, reich geworden durch eine Vielzahl von Geschäften. Saat und Ernte enttäuschten sie nicht, und auch nicht die zahllosen Quellen. Die Güter und die Bauernhöfe und der ferne Teich sandten ihre Abgaben in die Zehntenscheuer der Abtei. Wo die Steine für die Abtei gehauen wurden, befindet sich immer noch ein Steinbruch. Und auch die Holzwagen mit ihren Zugpferden fahren noch durch die schmalen Straßen. Bis zum heutigen Tag werden in den Wasserwiesen Felle gegerbt, und die Weidenpflanzungen liefern immer noch das Material zur Korbflechterei. Nur die Fische gibt es nicht mehr, weil die Marschen entwässert sind.

Eine Ruine zwar, doch ihre Seele lebt weiter

Mittelalterliche Frömmigkeit und Gelehrsamkeit liegen in Glastonbury sozusagen in der Luft. Die Mauern der Abtei sind eingestürzt, doch ihre Seele lebt weiter wie ein Spuk, und viele haben ihren Geist gesehen. Die gespenstischen Säulen, die einsam in der Stille der großen Kirche ohne Dach vor sich hinträumen, vervollständigen sich vor dem inneren Auge wieder; der Hochaltar glänzt von Lichtern, und Gesang nähert sich durch die leeren Seitenschiffe. Dann verschwindet der Traum wieder, zerstreut vom Sonnenlicht, und nichts als eine vorbeiziehende Wolke von Weihrauch bleibt zurück. Viele haben diesen Weihrauchduft in Glastonbury verspürt, der plötzlich in großen Schwaden voller Süße auftaucht.

Die Seele der Abtei lebt weiter, verborgen unter der alltäglichen Oberfläche der kleinen Stadt mit ihrem Marktplatz; und manchmal bricht sie hervor, von den vorbeiziehenden Weihrauchwolken angekündigt, und die Seele des Beobachters wird fortgetragen in eine andere Welt, in der die Menschen den Himmel und die Schönheit preisen.

Die Abtei

Auf die Breite der Magdalene Street blickt ein großes Tor herab. Daneben findet man die Front eines Hauses –, schön mit den schmalen, von steinernen Längspfosten gesäumten Fenstern –, unter dessen Dachvorsprung langsam die Legende vom »Roten Löwen« verblaßt. Das ist das Pförtnerhaus des Klosters, und man sagt, daß in der Kammer über dem Tor der arme, alte Abt Whiting, der gemarterte Abt von Glastonbury, die letzte Nacht seines Erdenlebens verbrachte, nachdem man ihn nach Wells gebracht hatte, um ihn dort »zu verurteilen und hinzurichten«, wie der offizielle Befehl lautete.

Der »heiligste Boden Englands«

Unter dem Tor, zwischen neuen Mauern, beginnt der Weg zum Klosterbereich, und wenn man durch die Absperrung gegangen ist, betritt man den »heiligsten Boden Englands«.

Ganze Morgen von weichem, grünem Land breiten sich vor uns aus, ebenmäßiger Boden ohne Flecken oder Schaden, grün wie ein Smaragd selbst in der Sommerhitze; und aus diesem Boden erheben sich zerfallene, graue Mauerreste. Ungeheure Steinbögen strecken sich gen Himmel, neigen sich einander zu, begegnen sich jedoch nicht. Der Gewölbescheitel fehlt, doch die mächtigen Pfeiler des Glockenturms stehen immer noch.

In früheren Zeiten, bevor der Brue eingedämmt wurde, war der Boden in Glastonbury mit Wasser vollgesogen und trügerisch, und die bauenden Äbte hatten große Schwierigkeiten, sicheren Grund für ihre Mauern zu finden; manche von ihnen hatten auch keine Skrupel, mit Bruchstein aufzufüllen statt mit gutem Steinmaterial. So war der große Glockenturm eine Quelle der Angst für die Mönche; sie bauten darunter prächtige Stundenglasbögen, wie man sie heute noch in der Kathedrale von Wells sehen kann. Die Bögen sind eingestürzt, doch die Pfeiler sind stehengeblieben.

Die Kirche ...

Die lange Linie des Hauptschiffes wird im Süden durch die große graue Mauer mit ihren leeren Fensterhöhlen markiert, in denen einst das bunte Glas wie Juwelen leuchtete; gegen Norden gibt es keine Mauer mehr. Ihr Platz wird von einer Reihe edler Buchen eingenommen, zu deren Füßen der Verlauf der Grundmauern der fehlenden Kapellen mit Steinen markiert ist, denn die eigentlichen Grundmauern verlaufen mehrere Meter unter der Erdoberfläche. Dies sind die verlorenen Kapellen, die durch eine seltsame automatische Aufzeichnung wiederentdeckt wurden, nachdem sie in die Hände Bligh Bonds gelangt waren, der zu jener Zeit für die Ausgrabungen der Abtei verantwortlich war.

... und die verlorenen Kapellen

Am anderen Ende dieser längsten Kirche

CLOSED
13.00-14.00 hours

Englands befinden sich die Grundmauern der Edgar-Kapelle, deren Existenz zum erstenmal durch den Inhalt jener Aufzeichnungen bekannt wurde und deren Entdeckung unter einer hohen Lehmschicht die erste Bestätigung für ein überaus interessantes psychisches Experiment war. An ihrem Westende liegt die schöne Josephs-Kapelle, die, so sagt die Legende, ursprünglich um die kleine Weidenkapelle herumgebaut wurde, die noch von den ehrwürdigen Händen des alten Heiligen und seiner Gefährten errichtet worden war. Doch große Feuer haben die Abtei von Glastonbury verwüstet, viele heilige Reliquien wurden vernichtet, und die kleine Weidenkirche, die wertvollste aller Reliquien, gibt es nicht mehr.

Symbolhaftigkeit eines Mosaiks

Bis zu dem Zeitpunkt, da einer der Äbte die zweifelhafte Idee hatte, unter dieser Kapelle eine Krypta zu bauen, war ihr Boden mit einem wunderbaren Mosaik ausgelegt, das die zwölf Sternzeichen mit der strahlenden Sonne in der Mitte darstellte. Es heißt, dies sei eine Versinnbildlichung der zwölf Gefährten des heiligen Joseph von Arimathia gewesen, die ihre Zellen in jener Anordnung um die runde Kirche herumgebaut hatten.

Die Nordtür der Kapelle ist mit einem überaus kunstvollen Relief verziert, das die Geschichte des Massakers der Unschuldigen darstellt. Auf einem Bild sehen wir die drei weisen Könige, eingezwängt in Betten, die viel zu kurz für sie sind, mit einem Engel, der einen Traum vermittelt. Auf einem anderen haben

Links: Mittelalterliche Frömmigkeit und Gelehrsamkeit sind noch heute zu spüren

die Soldaten des Herodes, ganz in die Kettenrüstung normannischer Ritter gekleidet, schlaff herunterhängende Kinder auf ihre Speere gespießt wie Heubündel auf eine Heugabel. Dies alles war für die Menschen jener Zeit sehr geisterhaft und überzeugend, auf uns heute wirkt es merkwürdig wie ein Kinderbilderbuch.

Im Süden der großen Kirche liegen der sonnige Klostergarten und die unterirdischen Gewölbe des Skriptoriums, in dem die Manuskripte abgeschrieben wurden.

Glanz und Untergang einer großen Abtei

Dies ist alles, was vom alten Glanz der Abtei von Glastonbury geblieben ist, deren Äbte oft von königlichem Geblüt waren, die dem Königreich zahlreiche Staatsmänner und Gelehrte gab, deren große Bibliothek ein Wunder ihrer Zeit war, deren Reliquien sogar die von Canterbury und Westminster übertrafen und deren Erde so geheiligt war von den Gebeinen der Heiligen, die darin ruhten, daß man sie den »heiligsten Boden Englands« nannte.

Wohin ist dieser Ruhm entschwunden? Jahr um Jahr bauten weise Äbte an diesem uralten Gebäude. Es gibt keinen Bericht über Demoralisierung oder Korruption in Glastonbury. Könige beschenkten die Abtei reich, und Adlige schickten ihre Söhne zur Ausbildung hierher. Pilger aus ganz England kamen, um an den Schreinen zu beten und die darin liegenden Reliquien zu verehren. Warum sind die Bögen zerbrochen, ist das große Dach eingestürzt und die ganze Herrlichkeit verschwunden?

Die Geschichte ist zu bekannt, als daß es

nötig wäre, sie zu erzählen. Eines schrecklichen Tages suchten Männer aus London die Abtei heim und listeten akribisch ihre Vermögenswerte auf. Ihr ehrwürdiger alter Abt wurde zum Gipfel des »Tor« geschleppt und dort gehängt, und die Schätze wurden dem König gesandt. Die Mönche wurden verjagt, die bleiernen Dachplatten herabgerissen, der geschnitzte Lettner wurde verbrannt, um die Glocken einzuschmelzen, und halb Somerset verwandte die Mauern als Steinbruch. Man sagt, daß die Straße nach Wells mit den Steinen der Abtei gepflastert wurde, und in vielen Häusern kann man bis heute die von Steinpfeilern gesäumten Fenster sehen mit ihren anmutigen gotischen Bögen, die auch aus der Abtei stammten. Wenn alte Häuser abgerissen werden, kann man immer wieder feststellen, daß ihre Mauersteine reich verziert sind, wobei die behauenen Seiten nach innen liegen, verdeckt von Bruchstein und Putz, während ihre glatten Rückseiten dem Blick zugewandt sind.

Ein Heiligtum verkommt zum Steinbruch

Und warum wurde all diese Zerstörung einem schönen und ehrwürdigen Gebäude angetan? Warum wurden Männer, die im Dienste Gottes standen und in Frieden mit ihren Nachbarn lebten, verjagt und Elend und Hunger ausgesetzt? Weil ein heidnischer König danach trachtete, anhand christlicher Prinzipien sein Bewußtsein mit seinen Gelüsten in Übereinstimmung zu bringen.

Die Abtei siechte nicht dahin oder verfiel aus innerer Zerrüttung; sie sank wie ein großes

Schiff, im einen Moment noch in voller Fahrt, im nächsten schon mit allen Insassen dem Untergang geweiht.

Ein Sinnbild spiritueller Vergangenheit

Das ist der Grund dafür, daß wir in der Abtei ein so klares Gefühl von unserer spirituellen Vergangenheit haben, unberührt vom Verfall. Die Seele Glastonburys lebt weiter, so wie man auch sagt, daß die Seele eines Menschen weiterlebt, der gewaltsam vor seiner Zeit ums Leben kam. Wenn der Tod langsam im Verlauf einer schweren Krankheit näher rückt, bereitet sich die Seele lange vor dem Zeitpunkt des Ablebens auf ihren Fortgang vor; sie verliert Stück um Stück ihren Halt und ist oft schon entwichen, bevor der eigentliche Todeskampf beginnt. Im Körper verbleibt nichts außer den chemischen Lebensabläufen, und wenn diese

Zeugen einstiger Größe: die Abtei von Glastonbury – heute eine gepflegte Garten-Ruinenlandschaft

enden, wird das Fleisch schnell wieder zur Erde. Das ist nicht so, wenn ein Mensch auf der vollen Höhe seiner Kraft durch Gewalteinwirkung umkommt: Seine Seele wird keine Ruhe finden, denn ihre Zeit war noch nicht gekommen.

Und die Abtei ist wie ein Mensch, der in der Blüte seines Lebens erschlagen wurde. Ihr Geist geht um. Überall um uns fühlen wir in diesem grünen Mittelschiff die Bewegung des Lebens. Die Seele der Abtei ist anwesend, lebendig und energiespendend. Wir brauchen nur die Augen zu schließen, um die Aura einer großen Kirche um uns herum zu spüren.

Die Aura einer großen Kirche

Es wirkt eine spirituelle Kraft in Glastonbury. Im Zentrum des großen Kirchenschiffs zu stehen – mit dem Blick zum Hochaltar –, ist, als stände man bis zur Mitte in einem tiefen Gebirgsbach. Eine unsichtbare Kraft strömt mit fließender Bewegung an uns vorbei. Nur an einem anderen Ort und bei einer anderen Gelegenheit habe ich eine ähnliche Kraft gespürt: beim Weihnachtsabendmahl in der Abtei von Westminster, als ich in der Reihe der sich langsam vorwärtsbewegenden Menschen, die auf das Abendmahl warteten, aus dem Querschiff kam. Mir war, als trete ich beim Erreichen des Mittelgangs vom Ufer eines Flusses in dessen langsam fließendes Wasser.

Was ist das für eine strömende Kraft an heiligen Orten? Geht uns nicht dadurch viel verloren, daß wir den alten Brauch der Pilgerschaft aufgeben? Die Reformation beseitigte zweifel-

Der heilige Joseph, der den Weißdorn nach England gebracht haben soll

los viele Unsitten in einer Zeit, die dem Verfall anheimgegeben war – doch mit den Unsitten wurde auch viel Gutes zerstört. Viele große Wahrheiten des spirituellen Lebens gerieten in Vergessenheit, als jeder Mensch sein eigener Priester wurde.

Was auch immer die Erklärung dafür sein mag – die Erfahrung beweist, daß an heiligen Orten eine Kraft wirkt, eine Kraft, die das spirituelle Dasein erfrischt und die Seele mit neuem Enthusiasmus und neuer Inspiration belebt. Wenn über längere Zeit von aufeinanderfolgenden Generationen geweihter Männer oder Frauen starke spirituelle Gefühle empfunden wurden – vor allem wenn unter ihnen auch jene waren, die man wegen ihrer besonderen Befähigung zur Hingebung als Heilige bezeichnen kann –, dann wird die mentale Atmosphäre jenes Ortes von spirituellen Kräften erfüllt, und empfindsame Seelen werden tief bewegt, wenn sie ihn betreten.

Kraftzentren, geweiht durch Heilige

Wir vergessen alle zu leicht, daß wir auch auf unserer Insel heilige Zentren der spirituellen Kraft haben, die durch Leben und Tod unserer britischen Heiligen geweiht wurden. Iona, Avalon, Lindisfarne – klingen ihre Namen nicht wie drei süße »Symphonien«? Und von diesen dreien ist unser Avalon nach Meinung aller die größte.

Zuerst wurde es geheiligt durch die Ankunft des Joseph von Arimathia, der den Gral brachte; und von jenem Tag an machten es heilige Männer und Frauen zu ihrer Heimat. Der heilige Patrick von Irland lebte und starb hier. Auch die heilige Brigida kam von der Grünen Insel hierher und lebte viele Jahre lang in Bekkary, auch wenn sie schließlich in ihre Heimat zurückkehrte, um ihr Leben dort zu beenden. Der heilige David und sieben Bischöfe aus Wales reisten nach Glastonbury, um die erste Steinkirche zu weihen, die dort gebaut wurde; doch auf ihrer Reise begegnete David in einem Traum die heilige Jungfrau, die ihm mitteilte, der Boden von Avalon sei schon so heilig, daß die darauf errichtete Kirche nicht mehr geweiht werden müsse, sondern schon von ihr angenommen wäre. So kam David selbst als Pilger nach Glastonbury, verrichtete dort sein Gebet und kehrte nach Wales zurück.

Die Überlieferung berichtet, daß die Gruppe von pilgernden Mönchen, die von den Stämmen in Shapwick auf ihrem Weg nach Glastonbury umgebracht wurden, eben jene Waliser gewesen seien.

War auch Christus in Glastonbury?

Überliefert ist auch eine schöne Geschichte, die man um ihrer selbst willen lieben muß, auch wenn sie historisch nicht glaubhaft erscheint. Es heißt, daß das heilige Kind selbst als Knabe mit den Zinnschiffen nach Glastonbury kam und daß es den wilden Minenarbeitern der Mendips das Evangelium predigte, die es mit Freuden hörten.

Auf diese Legende bezieht sich der große Mystiker Blake in seinem Gedicht:

Und schritten jene Füße ehemals
Auf Englands grünen Hügeln?
Und sah man Gottes heil'ges Lamm
Auf Englands grünen Wiesen?

Wenn diese Geschichte aus der Sicht des Historikers auch eine Legende sein mag, so ist sie doch eine spirituelle Wahrheit, betrachtet man sie vom Standpunkt des inneren Lebens aus. In Avalon schlägt das Herz unseres spirituellen Lebens als Volk. Hier wurde der Gral gehütet, der letzte und höchste Lohn jener Ritter, die schon in der Tafelrunde König Artus' ritterliche Vollendung erreicht hatten. Im Artuskreis und in den Gralslegenden finden wir die Mysterientradition unseres Volkes.

Grabstätte eines großen Königs und seiner unglücklichen Gemahlin

Artus und seine Königin Ginevra wurden in der Abtei von Glastonbury begraben – so sagt die Überlieferung –, und Edward I. und seine Königin Elinor (Chère Reine) besuchten die Abtei, um der Überführung der Gebeine des mystischen Herrscherpaares vom Friedhof der Mönche in eine Stätte unter dem Hochaltar beizuwohnen. Man grub an dem Ort, den die Überlieferung nennt, und als die Mönche schon fast verzweifelten, da sie schon bis zu einer Tiefe von vier Metern vorgestoßen waren, ohne etwas zu finden, war da plötzlich ein großer Eichensarg, mit dem Deckel nach unten liegend. Nachdem sie ihn heraufgezogen hatten, fanden sie auf der unteren Seite die Inschrift: »Hier liegt Artus, der König von Britannien«. Der Sarg barg die Gebeine eines sehr kräftigen und großen Mannes, und sein Schädel hatte fünf Wunden, von denen alle außer einer verheilt waren. Am Fuß dieses Sarges lag ein weiterer, der keinen Namen trug, der jedoch, als man ihn öffnete, das Skelett einer Frau und einen großen Zopf von prächtigem, goldenem Haar freigab. Es war so, wie es sein mußte, denn die Überlieferung vermeldete, daß Königin Ginevra nach ihrer Entfremdung vom König in das Kloster von Amesbury eingetreten war, das nicht allzuweit von Glastonbury entfernt ist. Man hatte ihr das Haar abgeschnitten, als sie Nonne wurde, und es ist nicht besonders verwunderlich, daß ihr schönstes Attribut, der große goldene Zopf, mit ihrem Körper in den Sarg gelegt worden war und man sie dann die wenigen Kilometer über die Moore herüberbrachte, um sie nicht neben, sondern zu Füßen ihres Gatten zu beerdigen, den sie geliebt und dem sie unrecht getan hatte.

Dunstan und Hugh von Lincoln

Der heilige Dunstan wurde in Baltonsborough geboren, einige Kilometer von Glastonbury entfernt, und verlebte seine Kindheit in der Abtei; hier verbrachte auch der heilige Hugh von Lincoln sein Noviziat, und als er Maurer für die feinen Steinarbeiten seiner großen Kathedrale brauchte, holte er sich Männer aus Somerset.

So gehen sie in einer langen Prozession an uns vorüber – die Heiligen von Avalon –, bis wir zur Leidensfigur des letzten Abts kommen, zu Richard Whiting, mit dessen elendem Tod auf dem »Tor« die Geschichte der Abtei endet.

Von da an wurde alles zerstreut und zerstört und verfiel Stein um Stein. Gras kroch über das Pflaster, Baumschößlinge wuchsen in den dachlosen Kapellen und wurden zu Bäumen. Sommer und Winter, Saatzeit und Ernte kamen und gingen, bis Avalon schließlich wieder als heiliger Ort verehrt wurde und die Pilger wieder mit Gebeten zu seinen Schreinen wallfahrteten.

Die Steine des Klosters

Alte Pläne der Abtei, in seltsamer Perspektive gezeichnet, zeigen die weiten Ländereien, die einst zu ihrem Gebiet gehörten.

Das Torhäuschen mit seinem steilen Dach und der Kammer über dem Tor blickt heute noch über den weiten Schwung der Magdalene Street.

Von den Spitalhäusern aus mit ihren sonnigen Gärten können die Pensionäre der Mönche noch immer das Kommen und Gehen aller beobachten, die zur Abtei wollen.

Die große Mauer, die den Garten der Mönche einschloß, steht noch bruchstückhaft – sie erhebt sich hoch über den schmalen Gäßchen hinter der Hauptstraße. Löwenmaul und Baldrian wachsen in ihren Ritzen. Ein großer Teil der Mauer ist verschwunden, doch man kann die Fundamente noch verfolgen.

Die »Handschrift« der Mönche

Allem, was die Mönche bauten, gaben sie ein kirchliches Gepräge; ihre »Handschrift« ist nicht zu verkennen. Selbst die Wirtschaftsräume wurden in der gleichen sorgfältigen Schönheit erbaut wie die große Kirche selbst. Auch die Küche des Abts, die heute noch steht, bezeugt ihre Liebe zu Schönheit und gründlicher Handwerksarbeit.

Eine Küche von gewaltigen Dimensionen

Sie ist ein achteckiges Gebäude mit steilem, pyramidenförmigem Dach. Ihr Inneres enthält jene vier riesigen Feuerstellen, auf denen jeweils ein ganzer Ochse gebraten werden konnte. Außer ihnen gibt es noch kleinere Öfen, die in die dicken Mauern eingebaut wurden, vermutlich zum Backen. Nichts konnte besser entworfen sein als das luftige Dach, um die Hitze und den Rauch der vier Riesenöfen abzuleiten; anders kann man sie nicht bezeichnen, so groß sind sie. Ganze Baumstämme müssen in den überdimensionalen Herden beim Verfeuern verschwunden sein.

Man braucht nur wenig Einbildungskraft, um sich in der alten grauen Küche den Klosterkoch und seinen Gehilfen vorzustellen, denn die großen Pflastersteine des Fußbodens tragen noch die Spuren ihrer Füße. Abgetretene Steine haben etwas seltsam Eindrucksvolles an sich. Nichts läßt ein uraltes Gebäude so menschlich wirken wie die flachen Vertiefungen im Fußboden, die von menschlichen Füßen hineingetreten wurden.

Zwischen den eingestürzten Säulen der Krypta kann man immer noch die steinernen Rinnen sehen, die als Drainage für die Abtei dienten. Sie wurden in der gleichen Weise erbaut, wie sie auch die Römer in ihren Villen verwandten, und sie erfüllen immer noch ihren Zweck und halten den Boden trocken und unbeschädigt.

Rechts: Voller Symmetrie: »Abbey's Kitchen«

Auch Quellen sind da, die die vielen Mönche mit Wasser versorgten. Ihre Lage erscheint uns seltsam, denn sie sprudeln direkt innerhalb der Kirche. Eine Quelle, von der es heißt, daß sie von der berühmten Blutquelle am Fuße des »Tor« gespeist wird, befindet sich genau unter der Josephs-Kapelle. Der niedrige Steinbogen, der sie überspannt, tief unten in der Dunkelheit am Fuße einer schmalen, gewundenen Treppe, ist wunderschön behauen, in Nachahmung von mit dem Beil geschnitztem Holz herrlich in der für Bauwerke auf dieser Insel typischen Weise mit einer Axt verziert. Hierbei wurde die Technik des einen Materials auf ein anderes übertragen, bevor man merkte, daß Schnörkel genauso leicht wie die geraden Linien mit der Axt in Stein gehauen werden können.

Profane Werke zur Ehre Gottes

Es stimmt uns, die wir ausschließlich an dem Nutzen dienende Wirtschaftsräume gewöhnt sind, doch nachdenklich, daß die Mönche eine solche Fülle handwerklicher Kunst sogar den unsichtbaren Teilen ihrer Gebäude angedeihen ließen. Das beweist, daß sie mehr zu Ehren Gottes arbeiteten, als von Menschen gelobt zu werden, denn wer außer den Wasserträgern bekäme die feinen Verzierungen der Quellkammer unten zwischen den Abteigewölben zu Gesicht?

Außerhalb der Grenzmauer des Klosters stehen zwei weitere Gebäude, die eng mit dem Klosterleben verbunden sind. Die breite Magdalene Street hinunter, zu der hin sich das Klostertor öffnet, blickt die schöne alte Pilgerherberge, eines der besten Beispiele für die weltliche Architektur der Tudorzeit unseres Landes. Heute heißt sie »The George«, sie war jedoch ursprünglich das Gästehaus des Klosters, wo man Reisenden gegenüber jene Gastfreundschaft übte, die dem Brauch klösterlicher Häuser entsprach. Viele Pilger wurden vom Ruhm seiner Reliquien nach Glastonbury gezogen, und zweifellos empfand sie der Abt als Ablenkung von den heiligen Pflichten. So baute man das Gasthaus außerhalb der Klostermauern, wo weder die Weltlichkeit noch die Krankheiten der Besucher sich auf die Mönche übertragen konnten.

Das »Tribunal«

Während der verheerenden Epidemien des Mittelalters war die Gefahr einer Ansteckung sehr groß; und in der Zeit der Pest, des »Schwarzen Todes«, wurde ein Gerichts- und Gefängnisgebäude, das »Tribunal«, errichtet, ein schöner alter grauer Steinbau in der High Street auf halbem Weg zwischen der Pilgerherberge und der Saint-John's-Kirche. Es lag nahe, daß die Gefangenen sich an ihren Richtern rächen würden, indem sie sie mit den Krankheiten infizierten, die sie sich oft in den feuchten Verliesen geholt hatten. Und die Mönche waren schlau genug, Gefangene und Pilger in sicherer Entfernung zu halten und das Kloster somit vor Krankheiten zu schützen.

Es heißt, daß es auch unter dem »Tribunal« Kerker gibt, doch sie sind nie erforscht worden, denn es ist eine recht gefährliche Angelegenheit, die Grundmauern alter Gebäude zu untergraben. Oben in der dreieckigen Rinne unter der Dachtraufe kann man immer noch das alte Flechtwerk erkennen – das gleiche Flechtwerk, das auch der heilige Joseph und seine zwölf Gefährten beim Bau der runden Kirche verwendeten, jener ersten Kirche Englands und, wie die Überlieferung sagt, der ersten Europas, die überirdisch gebaut wurde.

Ein Gebäude im Wandel der Zeiten

Das »Tribunal« und die Pilgerherberge sind seit ihrer Errichtung ununterbrochen in Gebrauch gewesen. Dem »Tribunal« waren im Laufe der Zeit viele Funktionen beschieden. Einmal beherbergte es eine Schwesternschaft von Nonnen; man konnte sie in ihren fließenden schwarzen Gewändern in den schmalen Straßen hin und her gehen und in die niedrigen Torbögen der alten Häuser treten sehen, unsere Vorstellungskraft weit zurücktragend in die Zeit des Mittelalters und des Glastonburys der Mönche. Heute beherbergt das »Tribunal« ein Kunstgewerbegeschäft, in dem faszinierende Produkte der örtlichen Handwerkskunst verkauft werden. Die alten Steinräume sind ein perfekter Hintergrund für das handgesponnene Leinen und die handgeschmiedeten Metalle. [Aber auch das hat sich seit den Zeiten der Dion Fortune geändert, denn derzeit dient das »Tribunal« als Museum. Anm. d. Übers.].

Das Gasthaus

Auch die Pilgerherberge ist in sympathischen Händen: Ihre Zimmer – mit den von steinernen Säulen umgebenen Fenstern und den ungleichmäßigen Fußböden aus riesigen Brettern, die aus ganzen Bäumen geschnitten worden sind, mit den Wandpaneelen und den angeblichen Gespenstern – sind mit schönen alten Möbeln ausgestattet, die gut zum Geist des Hauses passen. Der Hof, in den die Kutschen zu fahren pflegten, ist überdacht und zu einem Foyer umgestaltet worden; doch unter den Teppichen, die den Boden bedecken, kann man mit den Füßen die Ungleichmäßigkeiten spüren, und wenn die Teppiche zurückgeschlagen werden, sieht man die tiefen Rinnen der Kutschenräder in den Pflastersteinen.

Die hochaufragenden Pfeiler der Abtei selbst scheinen weit entfernt von menschlichem Leben, solange haben sie dem Himmel offengestanden. Doch die alten Steine, geprägt von den Zeichen des täglichen Gebrauchs durch Menschen, die mit Aufgaben beschäftigt waren, denen wir selbst jeden Tag nachgehen – die Schlafgemächer, die Kochstellen –, all diese Dinge dringen in unsere Herzen. Wir spüren, wie sich die ungebrochene Linie unseres nationalen Lebens weit bis in die Vergangenheit erstreckt, und wissen, daß sie in die ferne Zukunft reichen wird und wir selbst ein Teil davon sind.

1 Die Ruine von Tintagel – einst das Schloß des sagenumwobenen König Artus
2 Restormel Castle in Cornwall
3 Gewitterstimmung in Merton, Cornwall
4 Magischer Steinkreis, Avebury, Wiltshire
5 Vor wildziehenden Wolken: Friedhof in Devon
6 Hurler's Stonecircle in Bodmin Moor (West Country)
7 Und der Nebel legt sich über das Land: Dorset, Corfe Castle
8 – 10 Die Ruinen der Abtei von Glastonbury, zwischen majestätischen Bäumen und gepflegten Rasenflächen gelegen
11 und 12 Der Hügel »Glastonbury Tor« und die Saint-Michael's-Kapelle
13 Im Vordergrund: Glockenturm der Saint-Patrick-Kapelle; im Hintergrund die heutige Kathedrale des Ortes Glastonbury
14 Ansicht der Abtei von Glastonbury, von Westen aus gesehen
15 Fensterdetail: das Haus des Abtes von Glastonbury
16 Bogenruine auf dem heiligen Areal von Glastonbury
17 Verlassener Friedhof in Lynton, ganz am Meer gelegen

Abbildung 1

Abbildung 2

Abbildung 3

Abbildung 4, 5

Abbildung 6

Abbildung 7

Abbildung 8

Abbildung 9, 10

Abbildung 11

Abbildung 12

Abbildung 13, 14

Abbildung 15, 16

CHARLOTTE CROCOMBE
ALSO OF
MARY CROCOMBE
WHO DEPARTED THIS LIFE
ALSO OF
JOSEPH BURNELL
WHO ENTERED INTO REST
THY WILL BE DONE
ALSO OF
REBECCA

Abbildung 17

Abbildung 18, 19

Abbildung 20

Abbildung 21

Abbildung 22

Abbildung 23, 24

Abbildung 25

Abbildung 26

Abbildung 27

Abbildung 28

Abbildung 29

Abbildung 30, 31

Abbildung 32

18 Zeugnisse einer alten Megalithkultur:Trethewy Quoit in Cornwall
19 Weit über die Grenzen Cornwalls berühmt: magisches Steinzeichen Men-au-Tol
20 Durch Ruinen ein Blick zum Himmel: Old Wordour Castle, Dorset
21 Wildromantische Küstenlandschaft bei Combe Martin, Devon
22 Hier vermutete man einst das Ende der Welt: Land's End, Cornwall
23 und 24 »König Artus' Küste «: Betruthian Steps, Cornwall
25 Englands berühmtester Steinkreis der Megalithkultur: Stonehenge, Wiltshire
26 Abendstimmung in Devon
27 Unberührte, verzauberte Landschaft: Brücke in Cornwall
28 Die Kathedrale von Wells
29 – 31 Details aus der Cleeve Abbey, Somerset
32 Corfe Castle, Dorset, im Abendlicht

Der »Tor«

Im nördlichen Teil von Somerset, dort wo es an Gloucester grenzt, liegt eine dreieckige Ebene, an zwei Seiten von den Mendips und den Polden-Hügeln und an der dritten vom Meer eingeschlossen. Im Zentrum dieses Dreiecks erhebt sich ein seltsamer, pyramidenförmiger Hügel, der von einem Turm gekrönt ist. Die Anhöhe ist so merkwürdig, so symmetrisch in ihrer Form und erhebt sich so plötzlich aus der weiten, flachen Umgebung, daß jeder, der sie zum erstenmal sieht, sich unwillkürlich fragt, was das wohl sein mag. Denn sie hat dieses besondere Etwas, das man – so eigenartig es auch klingen mag, wenn man dieses Wort für einen Hügel gebraucht – nur als Persönlichkeit bezeichnen kann.

Der schlafende Löwe

Von weitem betrachtet, ist der »Tor« eine vollendete Pyramide, doch wenn man näher kommt, löst sich ein zentraler Hügel aus anderen, ihn umgebenden Erhebungen zu seinen Füßen, und wir bemerken, daß er die Gestalt eines schlafenden Löwen hat, der einen Turm auf seiner Mähne trägt, während sich um den mittleren Teil herum in drei großen Spiralen ein breiter, gestufter Weg schwingt, bekannt als der »Pilgerweg«.

Der Beherrscher Glastonburys

Der ganze Hügel fasziniert durch eine seltsame und kraftvolle Ausstrahlung, ganz gleich, ob man ihn aus weiter Entfernung von den Gipfeln der Mendips aus betrachtet oder ihn unerwartet im Dunklen aus dem Schlafzimmerfenster vor sich aufragen sieht, wenn man den Vorhang zurückzieht. Ob der Vollmond ernst hinter dem Turm über den Nachthimmel segelt oder ob eine dunkle Masse die Sterne verdeckt, ob die Sonne in einem Himmel von italienischem Blau strahlt oder Wolkenfetzen im Sturm an ihm vorbeieilen – der »Tor« beherrscht Glastonbury. Die geschäftige kleine Marktstadt an seinem Fuß ist von dem Alltagsleben der Menschen erfüllt, doch auf dem »Tor«

Bewachen alte Götter ihren Grund so weit,
Und in seinem Innersten
Träumt das Heidenreich aus Wilfreds Zeit,
Wenn er abwesend ruht.

Unüberwindbare Manifestation heidnischen Glaubens

Paradox: Im Zentrum des »heiligsten Boden Englands« erhebt sich der heidnischste aller Hügel. Denn der »Tor« bewahrt sich seine spirituelle Freiheit. Er hat nie ausgerufen: »Du hast mich erobert, o Galiläer.«

In der Überlieferung heißt es, daß sein Gipfel einst von einem Steinkreis gekrönt war, wie es ihn auch in Stonehenge gibt – einem offenen Sonnentempel –, und daß der Stufenweg, der sich dreifach um seinen Kegel windet, der Prozessionsweg gewesen sei, auf dem die Sonnenpriester zum erhabenen Ort ihrer Anbetung emporstiegen.

Als das sterbende Heidentum dem neuen Glauben die Fackel reichte, wurde der Sonnenkreis umgestürzt, seine großen Steine wurden in Stücke gehauen und in die Grundmauern der Abtei eingebaut, so daß die neue Kirche sich aus heidnischen Wurzeln erhob. Die Quelle am Fuße des »Tor«, die dunkle Blutquelle der uralten Opfer, wurde zum Versteck des heiligen Kelches; die liebliche christliche Legende wand sich um die finsteren Steine des alten Glaubens; die Anrufung der elementaren Natur geriet in Vergessenheit, und die herrliche Geschichte des Grals begann.

Steinmonumente des alten keltischen Glaubens

Rings um die heilige Blutquelle, so wird berichtet, errichteten Einsiedler ihre Zellen. Doch die frommen Männer wurden so beunruhigt von den Gewalten und Kräften, welche die alten Rituale auf den »Tor« konzentriert hatten, daß sie als einen Akt der Selbstverteidigung eine Kirche auf seinem Gipfel bauten und jene dem heiligen Michael weihten, dem mächtigen Erzengel, dessen Aufgabe es ist, die Unterwelt in Schach zu halten.

Ein Erzengel und die Urgewalt der alten Götter

Doch selbst dieser war hilflos gegen die Urgewalten der Dunkelheit, die sich durch das Ritual so verdichtet hatten. Im Erdbeben des Jahres 1000 nach Christus stürzte das Kirchenschiff ein, und nur der Turm blieb stehen. So wurde das christliche Symbol einer kreuzförmigen Kirche in das heidnische eines aufragenden Turms verwandelt, die alten Götter hatten das Ihre bewahrt.

Über der Tür, durch die man den Turm betreten kann, sind zwei eigenartige Symbole eingehauen, die der Gewalt der Stürme und der fanatischen Angriffe widerstanden haben, auch wenn die Statuen der Heiligen aus ihren Nischen gefallen sind.

Auf der einen Seite des Türsturzes befindet sich ein Flachrelief der Seele, die auf einer Waage gewogen wird, und auf der anderen Seite ein Bild, das einer Kuh ähnelt. Was haben diese Symbole auf einem christlichen Turm zu suchen? Wer das ägyptische Totenbuch studiert hat, kennt das Sinnbild der Seele in der Gerichtshalle des Osiris, die auf einer Waage gegen die Feder der Wahrheit aufgewogen wird, während der finstere Schakal der Götter darauf wartet, sie zu verschlingen, falls sie für unwert befunden wird. Und wer hat dort nicht auch die Kuhgöttin Hathor mit dem Mond zwischen ihren Hörnern gesehen? Was tun diese beiden Darstellungen auf dem hohen Turm des »Tor« von Glastonbury?

Der Hügel der Vision

Der »Tor« ist wahrhaftig der Hügel der Vision für jeden, der auch nur die geringste Neigung hat, sich einer anderen Welt zu öffnen. Es gibt zahllose Geschichten darüber. Manche sind erstaunt, daß sie bei ihrem ersten Besuch einen Hügel der Träume vor sich sehen, der ihnen schon im Schlaf erschienen ist. Mehr als einer hat von dieser Erfahrung berichtet. Oft erzählen Menschen, sie hätten den Turm von Licht umrahmt erblickt. Ein warmes Glühen, wie von einem Ofen, entsteigt dem Untergrund in kalten Winternächten, und man hört Gesang aus den Tiefen des Hügels. Turmhohe Gestalten aus Licht und Schatten wurden zwischen den alten Dornbüschen gesehen, die die unteren Abhänge bedecken; und irgend etwas, das kein Auge wahrnehmen kann, treibt das grasende Vieh von den Höhen herunter. Es flieht nicht in Panik davor, sondern geht ruhig und ordentlich nach der Anweisung eines unsichtbaren Hüters, der es geordnet wegführt, damit der Sonnentempel auf der Höhe – nicht von Händen erschaffen, sondern auf ewig im Himmel – für jene bereitet werden kann, die kommen, um dort ihre Anbetung zu verrichten.

Bei mehr als einer Gelegenheit sind wir, die wir an seinem Abhang leben, gebeten worden, jenen Trost und Beruhigung zuzusprechen, die wirklich gesehen haben, was sie sehen wollten, als sie hierherkamen.

So wundervoll der Blick vom »Tor« aus auch sein mag, am Tage, wenn halb Somerset einem zu Füßen ausgebreitet daliegt und man die fernen Hügel von Devon im Süden hinter der Bucht von Bridgwater und, bei klarer Luft nach Regen, sogar die Hügel von Wales im Westen sieht, so ist der Blick bei Nacht noch viel wunderbarer für jene, die es wagen, im Dunkeln hinaufzusteigen. Am schönsten ist es vielleicht, bei Sonnenuntergang den »Tor« zu erklettern und die Sonne über dem fernen Atlantik versinken zu sehen. Vom »Tor« aus erlebt man zwei Sonnenuntergänge: die Sonne selbst in ihrem Glanz im Westen und ihren Widerschein auf den Wolken am östlichen Himmel. Auch das Erscheinen des Mondes durch den rosenfarbenen Schein der niedrigen Wolken über den dunkler werdenden Marschen ist ein Erlebnis, das man nie vergißt.

Sonnenuntergang am »Tor«: ein unvergeßliches Erlebnis

Wenn die Lichter der Stadt am Fuße des Hügels langsam aufflackern, kann man erkennen, daß sie einen Stern mit fünf Spitzen bilden, denn es gibt fünf Straßen, die aus Avalon herausführen: nach Wells, Meare, Street, Butleigh und Shepton Mallet. Die Häuser, die entlang dieser Straßen gebaut sind – wie es für menschliche Behausungen notwendig ist, am dichtesten dort, wo die Straßen die Stadt verlassen, und immer weniger werdend, so wie die Straßen in die Marschen hinausführen –, bilden einen vollendeten Stern aus Licht um den »Tor« mit seinem Turm.

Ein Hügel inmitten des Sees der Wunder

Es gibt eine Zeit vor allen anderen, zu der es gut ist, den »Tor« bei Einbruch der Nacht zu besteigen, und das ist der Vollmond der herbstlichen Tagundnachtgleiche, zur Zeit der Messe des heiligen Michael. Die Nächte werden dann schon kühl, während die Tage noch warm vom Nachglühen des Sommers sind. Die Kälte der Dunkelheit, die den warmen Atem der Wiesen abkühlt, bewirkt, daß sich ein dicker, aber flacher Nebel über der Ebene bildet. Durch ihn watet das Vieh kniehoch wie in Wasser, und Bäume werfen Schatten im Mondlicht, schwarz auf silbern. Wenn die Nacht voranschreitet, verdichtet sich der Nebel. Wie die steigende Flut in einer Meeresbucht füllt er die Vertiefungen an. Bäume und Scheunen ertrinken langsam. Nur die wenigen verstreuten Erhebungen, wie das Beckary der heiligen Brigida, bleiben als Inseln im Nebel zurück. Lichter auf den fernen Straßen flirren Glühwürmchen gleich im weißen Untergang. Schließlich verblassen auch sie, während die Schwaden dicker werden – und Avalon ist wieder eine Insel.

Die Einheimischen nennen diesen flachen Nebel, der über der Ebene liegt, den See der Wunder. Durch ihn fährt langsam die schwarze Barke, gerudert vom tauben Mann, und trägt die drei weinenden Königinnen, die Artus

»Im Lande Merlins«: Lunnceston, Cornwall

bringen, der bei Lyonesse zu Tode verwundet worden ist, auf daß sie ihn heilen von seinen schmerzenden Wunden in unseren grünen Wiesengründen zwischen den Apfelbäumen.

Wo Excalibur verborgen liegt

In den See der Wunder wirft Sir Bedivere das magische Schwert Excalibur, in das seltsame Runen eingraviert sind in einer unbekannten Sprache. Und der weiße Arm der »Lady of the Lake«, der Dame vom See, der sich aus den Binsen in die Höhe reckt, ergreift es und zieht es hinab. Bis auf den heutigen Tag liegen seine Edelsteine, die das rostende Blatt verzieren, irgendwo in den Marschen und warten darauf, gefunden zu werden.

All dies und noch viel mehr kommt nach Avalon zurück, wenn der See der Wunder sich unter dem Herbstvollmond aus seinen Feenquellen erhebt.

Doch ich habe etwas noch Seltsameres gesehen als den See der Wunder bei Mondlicht. Es gibt Zeiten, da fällt auf die Ebenen von Glastonbury etwas, was man in der Gegend als »the Blight«, den Pesthauch, bezeichnet. Eine seltsame Schwere erfüllt die Sommerluft, die sich nicht in Gewitter auflöst. Die Sonne glüht matt wie eine Kupferscheibe durch die tiefliegenden Wolken, und in der drückenden Hitze und Mattheit sind die Nerven gespannt vor Ruhelosigkeit und Unbehagen.

Durch den Pesthauch zum Licht

Während einer solchen Phase, zur Verzweiflung gebracht von der bedrückenden Atmosphäre in der Ebene, machten wir uns auf den Weg, den »Tor« zu erklettern. Höher und höher, durch den dichtesten Dunst, der sich in kleinen Kreisen um uns bewegte, eingeschlossen von einer weißen Wand, so undurchdringlich für den Blick wie Stein, klommen wir bis auf den Gipfel und kamen dort, mit weißer Blindheit geschlagen, so plötzlich aus dem Dunst heraus, wie ein Zug aus einem Tunnel herausfährt: Die Spitze des »Tor« lag über der Wolkengrenze.

Der Himmel war von jenem tiefen Indigoblau, das man oft in Avalon sieht – ein Blau, das man durch die Zweige eines blühenden Apfelbaums betrachten sollte. Von einem Rand zum anderen befleckte keine Wolke seine Tiefe, doch unter unseren Füßen erstreckte sich bis zum Horizont eine rollende, wogende See von reinstem Weiß mit Rosa in den Vertiefungen. Über unseren Köpfen erhob sich der Turm, sein

Schatten reichte weit hinaus über den wolkigen Untergrund. Es war, als wäre die Welt im Meer versunken und wir die letzten Überlebenden der Menschheit. Nicht ein Laut hob sich durch den Dunst, kein Vogel kreiste über uns. Es gab nichts als blauen Himmel, grauen Turm, wogenden Nebel und gleißende Sonne.

Das Wunder auf dem »Tor«

Kein Lüftchen rührte sich. Alles war still und ruhig wie der Mond. Die Zeit verging ungemessen, bis sich schließlich ein leichter Luftzug bemerkbar machte, der sich bald zu einer Brise verstärkte. Dann begannen die Wolken sich zu bewegen. Sie rollten und häuften sich zu großen Bergen und zogen dem Meer zu. Schneller und schneller, so wie der Wind auffrischte, drängten sie sich zu unseren Füßen vorbei. Bald begannen sich lange Risse in ihrer

»Es schien, als wären wir die letzten Überlebenden der Menschheit . . .«

Masse zu bilden, und wir konnten für einen Moment die Wälder von Butleigh sehen, in tiefsten Schatten getaucht. Die Risse schlossen und öffneten und schlossen sich wieder und gestatteten uns kurze Ausblicke auf die Torfeinstiche drüben in Richtung Ashcott und auf die roten Dächer von Street. Dann sah man langsam die Wasserläufe wie silberne Drähte durch den Dunst; Geräusche begannen sich leise durch die dünner werdende Wolkenschicht zu erheben – ein Hahn krähte, ein Hund bellte, ferne Glocken. Dann rollte der letzte Dunst förmlich davon und zog in einer fliegenden Wand der Küste zu – die Ebene lag in goldenem Sonnenschein ausgebreitet. Zweimal habe ich solches Geschehen vom »Tor« aus miterlebt, und den Anblick werde ich nie vergessen.

Das Glastonbury von heute
I

Es ist nicht leicht, über das Glastonbury von heute zu schreiben, so viel menschliche Natur war und ist dort am Werke. Ein altes Sprichwort besagt, daß kleinen Kindern und Narren nie ein Ding gezeigt werden sollte, bevor es fertig ist. Diese Weisheit kommt aus dem Osten, denn sie wird erläutert durch die Geschichte von dem Teppichweber, der in seinem zum bevölkerten Marktplatz hin offenen Laden saß. Vorbeigehende beobachteten ihn bei seiner Arbeit und machten Bemerkungen über ihren Fortschritt. Sie deuteten auf die dünnen Fäden der Kette und auf die zahllosen Knoten, Verbindungen und losen Enden. Wenn er ihnen zugehört hätte, hätte er seine Arbeit in Entsetzen und Verzweiflung von sich werfen müssen. Doch trotz all der bösen Kritik und dem Lachen, das ihn umgab, knüpfte der alte Handwerker weiter geduldig Knoten um Knoten in der feinen Handknüpftechnik des Orients, in der Hunderte von Knoten auf einen Quadratzentimeter passen. Schließlich, nach Ablauf vieler Monde, wurde der schwerfällige große Webstuhl knirschend aufgerollt, die En-

Eine orientalische Weisheit – Synonym für das heutige Glastonbury

den der Kette wurden miteinander verknüpft und die Schönheit des Teppichs vor dem staunenden Blick der Menge ausgebreitet. Der Ruhm dieses Teppichs, einer Arbeit von Jahren, war so groß, daß der König seinen Wesir aussandte, ihn für die große Moschee zu erwerben, wo seine Schönheit der Lobpreisung Allahs dienen sollte. Die Spötter hatten eben keine Ahnung, daß ein Teppich mit der Unterseite nach oben gearbeitet wird. Nur der weise Handwerker wußte das.

So ist es auch mit der Welt um uns her. Der Geist des Volkes pulsiert von Leben. Die Engel steigen auf der Jakobsleiter auf und nieder, doch keiner sieht sie außer dem Künstler – und der wird nicht beachtet. Es sind die Wirrköpfe in unserer Mitte, die Gehör finden; und sie sagen uns, das Morgen sei toll, das Gestern sei toll, aber nie das Heute. Geschichte ist, wenn das Leben aus einer bestimmten Perspektive betrachtet werden kann. Wenn Geschichte im Entstehen begriffen ist, wie in Glastonbury, ist es unmöglich, sie in ihrem wirklichen Wert zu erfassen. Man kann sie sich nur vorstellen, insoweit sie einen selbst betrifft. Die Wagen, die Steine zum Tempel bringen, wollen über das Kohlfeld fahren; ihre klobigen Räder quietschen und schleudern Schlammklumpen hoch; die Wagenlenker schlagen die Pferde, und die Pferde treten nach den Wagenlenkern. Staub dringt einem ins Auge, wenn der Handwerksmeister, der in wahrer Arbeitswut schafft, die Späne fliegen läßt. All diese Dinge machen den

Glastonbury, Teilansicht im Nachmittagslicht

Leuten am Ort etwas aus, machen ihnen viel aus.

Die Welt, die das Meisterwerk rühmt, beachtet die verschmierte Palette und den besudelten Kittel nicht, die zu seiner Entstehung nötig waren.

Die Geschichte des modernen Glastonbury hat viele Einzelheiten, die zum rechten Zeitpunkt berichtet werden können, doch wir müssen auf die Perspektive der sich verengenden Korridore der Geschichte warten, bevor wir sie richtig erzählen können. Es ist für uns heute nicht leicht, einen Schritt zurück zu machen und die Dinge, die erreicht worden sind, in der Weise zu betrachten, wie das die Geschichte tun wird – ungeachtet der Tatsache, wessen Gefühle verletzt worden sind, wessen Ideale mit Füßen getreten oder wessen Rechte übergangen wurden. Eher sehen wir die Geschenke, die die Kunsthandwerker Glastonburys dem Altar der Zivilisation dargebracht haben, sei es in Worten, Klängen, Farben oder Stein; denn die Geschichte interessiert sich nicht für ihre Fehler, sondern nur für ihre Erfolge.

Der Künstler hat immer mit dem Kopf in den Wolken seiner goldenen Visionen gelebt und mit den Füßen tiefer im Schlamm des gewöhnlichen Lehms als seine Nachbarn. Das Geschick seiner Hände beim Erschaffen schöner Dinge scheint ständig von ihrem Gefummel im Umgang mit Vorräten und Steinen aufgewogen zu werden. Seine Nachbarn, gut geeignet, seine Dummheit im Umgang mit weltlichen Dingen zu unterstützen, sind nicht gleichermaßen fähig, seine Leistung in wirklich wesentlichen Dingen zu fördern, und so wird kein Gleichgewicht erreicht.

Der Künstler ist ein Quentchen verrückt und ein großes Quantum weise. Seine Uhren gehen nie richtig, seine Rechnungen nie auf. Er ist ein Gottesnarr, der auf dem Boden der Welt sitzt und hört:

Den ältesten Rat der Dinge, die sind
Das Reden der Drei in Einem.

Glastonbury ist immer die Heimat jener Männer und Frauen gewesen, die das Visionäre sahen. Der Schleier ist an diesem Ort dünn, und das Unsichtbare kommt der Erde sehr nahe. Die Steine der alten Stadt strahlen Inspiration aus, ähnlich einer von der Sonne erwärmten Mauer, die im Dunklen für den Tastsinn Wärme abgibt wie etwas Lebendiges. Viele Leute mit unterschiedlichen Ansichten haben die Stimmen von Avalon gehört; denn es gibt zwei Avalons, das christliche und das heidnische – das Avalon des heiligen Joseph und der heiligen Brigida und der ganzen strahlenden Geschichte des Christenheit, und das andere, ältere Avalon des Magiers Merlin und der Dame vom See. Und zwischen den zweien, zu beiden gehörig, bewegt sich die schattengleiche Gestalt des Artus, Excalibur in seiner Rechten und den Gral in seiner Linken.

Alte Steine, die auch heute noch Inspiration ausstrahlen

Manche von jenen, die als Pilger nach Glastonbury kommen, wollen im ernsten, grünen Kirchenschiff der Abtei den Staub der Heiligen verehren; manche sind dort, um ihre Seelen den feurigen Kräften zu öffnen, die wie dunkle Flammen aus dem »Tor« emporschlagen. Wer soll über sie richten?

Das Glastonbury von heute II

Die ersten Anzeichen des wiedererwachenden Lebens in Avalon machten sich bemerkbar, als das Familienschicksal der Jardines die Ruinen der Abtei auf den Markt brachte. Viele Male hatten sie und das aus ihren Steinen erbaute Haus den Besitzer gewechselt und waren nur selten vom Vater auf den Sohn übergegangen. Die zerstörerischen Finger des Efeus hängten sich an die großen Steine der Bögen, und Blumen wuchsen zwischen den trügerischen Bruchsteinen der Wände, wobei sie das, was sie verzierten, gleichzeitig untergruben und vernichteten – und die Abtei von Glastonbury fiel Stein um Stein, ungeehrt und ungepflegt.

Geduldiges Warten auf den richtigen Moment

Inzwischen gab es Menschen, die wußten, was Glastonbury bedeutete, und sie saßen und beobachteten die Lage und warteten auf den richtigen Moment. Sie kauften das alte Wirtschaftshaus am Fuße des »Tor« als vorübergehenden Aufenthaltsort; dort harrten sie der Möglichkeit zur Verwirklichung ihrer reifenden Pläne. Es war eine baufällige Herberge, die schlimme Zeiten mitgemacht hatte, seit die Postkutschen nicht mehr die steilen Hügel von

Die Fassade der Kathedrale von Wells, Teilansicht

Shepton Mallet auf dem Weg zur Kathedralenstadt Wells heruntergerasselt kamen. Doch zum alten Wirtshaus gehörte etwas, das seine Käufer sehr hoch schätzten. Ein langer, schmaler Gartenstreifen zog sich die steile Talmulde entlang bis zu einem vergessenen Obstgarten mit knorrigen Apfelbäumen, und wo sich Garten und Obstgarten trafen, lag ein altes Quellhäuschen. Aus jenem floß ein kräftiger Bach von rostrotem Wasser hüpfend durch den steilen Garten hinab. Hundert Jahre zuvor hatte einer der vielen Seher von Glastonbury in einem Traum erfahren, daß das Wasser der Quelle heilende Eigenschaften habe. Und er ging hin, badete darin und wurde von seiner Krankheit geheilt. Daraufhin errichtete er ein Badehaus aus grauem Mendipgestein, in dem es

Die heilende Kraft einer alten Quelle

zwei riesige, finster aussehende Steinbecken mit Treppen, die ins Dunkel hinabführten, gab, und verkündete der Welt, eine Wunderquelle sei entdeckt worden.

Die Welt, die immer bereit ist, zu glauben, was ihr gefällt, kam in Scharen in Postkutschen und zu Fuß angereist, sogar aus dem fernen London. Und zweifellos – nachdem die Pilger im eisigen Wasser der abstoßenden Becken gebadet hatten, dachten sie nicht mehr an ihre eingebildeten Krankheiten und Schmerzen, denn jetzt verspürten sie wirklich etwas, worüber sie sich Gedanken machen konnten. Bald jedoch war der erste Enthusiasmus verflogen, die Heilerfolge rechtfertigten die Erwartungen

Steinerne Zeugen der Vergangenheit …

nicht, und das Wasser war sehr kalt. So verloren sich die Ansätze zum Heilbad im Nichts.

Seine neuen Eigentümer jedoch kannten die Geschichte vom heiligen Joseph und von dem Abendmahlskelch. Neben dem alten Wirtshaus wurde ein hohes Gebäude aus grauem behauenem Stein errichtet mit einem Dach aus roten Dachziegeln, das an Italien erinnerte, wo, wie es heißt, sein kirchlicher Architekt dazu inspiriert worden war. Und siehe da, die Mönche waren wieder in Glastonbury! Die klippenähnliche Wand von Chalice Well ist ein Wahrzeichen, das man kilometerweit sehen kann. Sie ist von eigentümlicher Schönheit mit ihren klaren Proportionen und den alten, flachen, zusammengedrängten Gebäuden an ihrem Fuß, die einst ein Gasthaus waren.

Die Rückkehr der Mönche

Wieder einmal gab es aufmerksame Beobachter am »Tor«, genau an der Stelle, von der es in der Überlieferung heißt, daß gewisse Einsiedler dort ihre Weidenhütten gebaut und an der Quelle gebetet hatten. Tatsächlich wurde das alte Wirtshaus »The Anchor«, der Anker, genannt – ein seltsamer Name für eine Herberge im Landesinnern. Und die Geschichtsforschung ist sich immer noch nicht einig, ob dieser Name als Reminiszenz an die heiligen Männer, die dort wohnten, zu verstehen ist – denn ein Einsiedler wird oft auch als »anchorite, Anachoret«, bezeichnet –, oder an die Zeiten erinnert, als die Flut noch bis nach Glastonbury kam und Küsten- und Fischerboote an den Kais des Brue anlegten.

Rätselhafte Bezeichnung für ein Wirtshaus

Die neuen Einsiedler nun wachten geduldig neben der Quelle, während sie Leute für ferne Missionen ausbildeten und auf den Tag warteten, an dem die Ruinen und das daraus erbaute Haus wieder den Besitzer wechseln würden. Sie wußten wohl, daß dies geschehen würde, denn auf zerstörtem Kircheneigentum liegt immer ein Fluch, und es wird nie in direkter Linie weitervererbt.

Eine Auktion mit Folgen

Nach einiger Zeit trat dann das Ereignis ein, dem sie so lange entgegengesehen hatten, und die Steine der Abtei wurden versteigert. Die katholische Kirche bot mit der Absicht, aus unserem englischen Glastonbury einen weiteren heiligen Ort und eine Pilgerstätte zu machen. Doch es war auch ein Fremder dort, ein Mann aus dem Norden, den niemand kannte, und er bot und bot mit scheinbar unerschöpflichen Mitteln, und alle anderen Interessenten außer den Mönchen hielten nicht mehr mit. Schließlich, nach all den Jahren geduldigen Wartens, traten auch sie vor dem Mann mit den unerschöpflichen Mitteln zurück, und die Abtei wurde dem Fremden zugeschlagen. Dann kam die Enthüllung, wer der Fremde war... Die Abtei war für die Church of England ersteigert worden! Und jetzt steht sie, ironischerweise, unter der Verwaltung des Bischofs von Bath und Wells. Was die alten Mönche so sehr befürchteten, ist eingetreten: Ihr unermüdlicher Feind hat schließlich die Kontrolle über ihre alten Freiheiten bekommen.

Wäre es der römisch-katholischen Kirche gelungen, ihren Plan zu verwirklichen, hätten wir wohl eine weitere Buckfast-Abbey erlebt, von ehrerbietigen Händen errichtet, um die grauen Ruinen zu umgeben, wie einst die Weidenkirche umbaut wurde? Welche Lösung ist schöner – behauener Stein und bemaltes Glas oder der weiche, grüne Rasen und die Bäume? Wer soll das entscheiden?

Das Glastonbury von heute III

Der Verkauf der Abtei war nicht die einzige Auktion in Glastonbury, bei der spirituelle Werte auf den Markt kamen. Enttäuscht über die Unmöglichkeit, ihre Pläne zu verwirklichen, wollten die Mönche nicht mehr länger in Glastonbury ansässig bleiben, und das Kloster wurde ebenfalls versteigert. Zu der Auktion kamen drei Bieter von Bedeutung: Einer war ein Wollverarbeiter, der sich für die heilige Quelle ihrer Wasserkraft wegen interessierte, der zweite war eine reiche Amerikanerin, und der dritte war Alice Buckton, die durch das Stück *Eagerheart* bekannt geworden ist. Doch obwohl drei Interessenten für die Versteigerung vorgesehen waren, erschienen schließlich nur zwei, denn der Zug mit der reichen Amerikanerin hatte draußen in den Marschen einen Schaden. Avalon wollte nichts von ihr wissen.

So lag das Gebot zwischen dem Wollwarenhersteller und der Autorin von *Eagerheart*. Die heilige Quelle hatte einen gewissen festen Wert durch die mögliche Erzeugung von Wasserkraft, genau diesen und nicht mehr; denn wenn ihr Preis über den Preis einer in Pferdekräften gleichwertigen Dampfanlage hinausgegangen wäre, wäre sie nicht zur Investition geworden.

Doch als Quelle der spirituellen Kraft war sie eine Perle von großem Wert, und Miss Buckton verkaufte ihre gesamte Habe, um den Wollhändler zu überbieten, während die steckengebliebene Amerikanerin böse Telegramme schickte, in denen sie die Verschiebung des Verkaufs forderte beziehungsweise den doppelten Preis bot, den der erfolgreiche Käufer geboten hatte.

Würdige Bewahrerin einer heiligen Stätte

Doch der Auktionator war nicht umzustimmen, und so kam die wunderbare Quelle des heiligen Joseph, des Merlin und des Grals in den Besitz von Miss Buckton, die sich zu ihrer Bewacherin machte und sie für all jene bewahrte, die die Wallfahrt nach Glastonbury unternahmen.

Ein sehr schöner Deckel aus Somerset-Eiche, verziert mit feinem Schmiedeeisen, wurde angefertigt, um die Quelle vor Verschmutzung zu schützen, und Miss Buckton, gekleidet in ein Gewand aus blauem Waliser Leinen mit silbernen Schließen, erklärte Besuchern ihre Geschichte und Symbolik.

Hin und wieder wird die wundervolle Quellkammer geleert, damit die großen Mengen von rostroten, papierdünnen Wasserpflanzen beseitigt werden können. Dann ist es möglich, über eine Leiter hinunter in die mysteriösen Tiefen zu steigen und sich in die Nische zu zwängen, wo die lebenden Opfer der Druiden gestanden haben müssen.

Glastonbury – St. John's

Wenn die Wasserpflanzen entfernt sind, wird die kristallene Klarheit des Wassers offensichtlich, und viereinhalb Meter weiter unten kann man das Bett aus blauem Liaskies sehen, durch das das eiskalte Wasser der Tiefe entspringt. Auch die massive Bauweise des Mauerwerks wird so klar erkennbar. Es besteht aus jenen zyklopischen Blöcken, wie sie auch von den Gestaltern Stonehenges und Carnacs verwendet wurden, doch behauen und zusammengefügt mit der Präzision der Erbauer der großen Pyramiden, gesetzt in jenen feinen, harten Zement, dessen Rezeptur mit den Römern verlorengegangen ist. Drei Seiten des obersten Mauerabschnitts bestehen aus einem einzigen Block, einer jener Steinmassen, mit denen die vorgeschichtlichen Menschen scheinbar auch ohne die Hilfe von Maschinen umgehen konnten.

Wer waren die Erbauer der Quelle? Keiner weiß es. Sie gehörten wahrscheinlich zum Volk jener, die auch mit den mächtigen Steinmassen von Stonehenge und Avalon umzugehen in der Lage waren. Es ist wahr, daß sich christliche Legenden darum ranken. Doch die Quelle ist weit älter als Christus. Ihr Ursprung geht auf einen uralten Naturglauben zurück, der schon lange vergessen ist.

Kulturelles Leben zieht ein in altes Gemäuer

Das Kloster selbst wurde ein höchst interessantes Gästehaus. Die Aktivitäten dort gingen alle von der Bewahrerin, Miss Buckton, aus, die sich bemühte, auf diese Weise ihre Ideale zu realisieren. Von größter künstlerischer Bedeutung war dabei die jährliche Inszenierung von *Eagerheart*, dem vorzüglichen kleinen Mysterienspiel, das Alice Buckton bekannt gemacht hat und das ihr »magnum opus« ist. Da selten Berufsschauspieler darin Rollen übernahmen, war die Inszenierung natürlich etwas holprig, doch der Mangel an professioneller Vollendung wurde mehr als wettgemacht durch die Ehrfurcht und Ernsthaftigkeit der Schauspieler, die aus der kleinen Stadt im Westen Englands ein englisches Oberammergau machten. Miss Buckton hatte eine wunderbare Begabung, das Naheliegende zu nehmen und seine tiefgründigen künstlerischen Möglichkeiten zum Vorschein zu bringen, und ihre Bühnenbilder, alle selbst angefertigt, waren von außerordentlicher Schönheit. Insgesamt nahm *Eagerheart* durch seine Inszenierungen in Glastonbury einen besonderen Platz im modernen englischen Theater ein.

Viele interessante Leute kamen nach Chalice Well und wurden überredet, ihr Bestes zu geben zur Unterhaltung jener, die sich dort versammelten, denn die Türen standen allen offen. Gute Musik, klassischer Tanz, Mysterienspiele, Lesungen, Vorträge und vieles andere mehr machten Chalice Well zu einem interessanten Begegnungszentrum – nicht nur für seine Besucher, sondern auch für die Bewohner der Stadt, die der Betreuerin der Quelle für die Großzügigkeit, mit der sie ganz Somerset ihr Haus geöffnet hatte, sehr viel Dankbarkeit schuldete.

Altes Kunsthandwerk wird wiederbelebt

Sie hatte auch eine kleine Gruppe von Kunsthandwerkern um sich versammelt, die mit den einfachsten traditionellen Mitteln arbeiteten: die rohe Wolle mit den Pflanzen färbten, die sie an den Hecken von Somerset geerntet, und mit den Flechten, die sie von den Bäumen in alten Obstgärten gekratzt hatten und die Wolle mit der frühgeschichtlichen Spindel sponnen anstatt mit dem mittelalterlichen Spinnrad. Der künstlerische Wert solcher Produkte ist natürlich nicht zu vergleichen mit dem der höherentwickelten Handwerkstechniken, doch über ihren individuellen Wert besteht kein Zweifel. Es war ein faszinierender Anblick, den Färbetopf über einem Holzfeuer im Obstgarten kochen zu sehen und Strang um Strang fröhlich gefärbter Wolle, die zum Trocknen an den knorrigen alten Bäumen hing, wäh-

rend das stete Schlagen der Webstühle aus einer nahegelegenen Scheune erklang. Solche Dinge bereichern den menschlichen Geist, auch wenn es ihnen immer gelingt, einem die Taschen zu leeren.

Handgefertigte Dinge, welche die Seele bereichern

Es wurden auch malerische Töpferarbeiten aus im Obstgarten ausgegrabenem Lehm gefertigt; man verwandte die primitive Scheibe mit Fußantrieb und erhielt erstaunlich gute Ergebnisse aus geschickten Händen. Das Ganze war vom Entwurf bis zur Verzierung einfach und hatte eine eigentümliche Ausstrahlung, nicht nur wegen seines naiven Charmes, sondern auch in seiner psychischen Wirkung, denn hier drückten sich die ursprünglichen Bedürfnisse des menschlichen Geistes nach Schönheit auf ihre eigene Weise – ohne den Einfluß der Konvention – aus, und das Ergebnis war wirklich interessant.

Doch neben dem objektiven Wert dieser Dinge besteht auch noch ein subjektiver Wert, den man nicht in Silber oder Gold aufwiegen kann. Sie bereichern die menschliche Seele und bringen neue Werte in unser Leben. Miss Buckton hatte die Fähigkeit, das zu erkennen, und man muß deshalb der nicht perfekten Ausführung viel verzeihen, denn es ist besser, daß Menschen stolpernd ihren Weg zum persönlichen Ausdruck in der Herstellung des Schönen finden, als daß Experten es für sie tun und sie mit vollendeten künstlerischen Leistungen konfrontieren, die sie weder verstehen noch anerkennen können. Solche Arbeiten von Könnern bereichern die Welt der unbelebten Dinge, weil weitere Objekte der Schönheit entstehen, doch die Welt des menschlichen Bewußtseins wird nur bereichert, wenn neue Ideen in menschlichen Seelen erwachsen. Die Schönheit muß von innen nach außen getragen werden, nicht von außen nach innen. Die materielle Welt wird durch perfekte künstlerische Technik bereichert, doch die spirituelle Welt durch Bemühungen, wie sie Miss Bucktons schlammiger Töpferscheibe und ihrem tropfenden Färbetopf galten.

»Die Reichweite eines Menschen muß seine Armlänge übersteigen, wofür wäre sonst der Himmel da?« Ein Traum vom Himmel wurde in Chalice Well auf seinem Höhepunkt der Erde etwas näher gebracht. »Ein weiterer Stein schwingt an seinen Platz in jenem erhabenen Tempel deiner Tugend.« Durch solche Steine wird, Stück für Stück, das neue Jerusalem erbaut.

Das Glastonbury von heute IV

Mit dem Verkauf der Abtei schien Glastonbury aus seinem langen Schlaf zu erwachen, und es begann jene Regung von spirituellem Leben, die im Laufe der Jahre mit zunehmender Intensität wirkt wie ein Ferment. Die Zukunft vorauszusagen ist ein gefährliches Geschäft, doch wir können die Vermutung wagen, daß die Geschichte auf unser englisches Jerusalem zurückschauen wird als auf die Wiege vieler Dinge, die dazu gedient haben, das spirituelle Erbe unseres Volkes zu bereichern.

Musik und Dichtung, vom Geist Avalons durchströmt

So wie die Mönche der heutigen Zeit von der Legende des heiligen Joseph mit dem Kelch und Miss Buckton von jener des Grals in die kleine Stadt in den Feldern des Westlandes gezogen wurden, so verfielen zwei andere der Magie Excaliburs. Rutland Boughton, einer der größten unserer modernen Komponisten, und Reginald Buckley, der, wenn er nicht so früh gestorben wäre, vielleicht Bedeutung als einer der großen modernen Dichter erlangt hätte, arbeiteten in jener kleinen Stadt des Westens gemeinsam an der Gründung einer Akademie für Musikdrama mit der Absicht, ein englisches

Bayreuth daraus werden zu lassen – in der gleichen Art, wie Miss Buckton und ihr *Eagerheart* ein englisches Oberammergau daraus machten.

Hier erblickte die größte unserer englischen Opern zum erstenmal das Licht des Tages: das mystische Werk *Immortal Hour* (Unsterbliche Stunde), in dem die wunderbare und zutiefst esoterische keltische Legende von der Feenfrau und ihrem sterblichen Geliebten, erzählt von Fiona Macleod, von Rutland Boughton in Klänge umgesetzt wurde. Dann folgte der Zyklus von Artusdramen, deren Libretti von Reginald Buckley verfaßt wurden; und schließlich kam die finstere Tragödie der *Queen of Cornwall* (Königin von Cornwall), nach dem großen Poem von Hardy.

Glastonbury: Heiliger Ort der Mönche

Dies alles wurde in den Versammlungsräumen von Glastonbury aufgeführt, inszeniert als Werk der Liebe, mit freiwilligen Arbeitern in der Requisitenkammer; einheimische Handwerker fertigten Excalibur, und buntes Papier wurde zu bemaltem Glas in den winzigen Fenstern des kleinen Saals.

Große Kunst in kleinen, alten Räumen

Hier war die Geschichte der Kunst in der Entstehung begriffen. Viele inzwischen bekannte Sänger gaben ihr Debüt auf dieser bescheidenen und irgendwie wackligen Bühne. Wenn hier zweimal im Jahr die Festspiele stattfanden, kamen die Musikliebhaber aus aller Welt, und kurze Zeit waren die Straßen der kleinen Stadt mit Künstlervolk gefüllt, kurzhaarigen Frauen und langhaarigen Männern, alle in auffälliger Kleidung, und die Klänge der herrlichen Chöre drangen durch die Fenster der verschiedensten ungewöhnlichen Orte, die als Übungsräume verwendet wurden.

Ich hatte das große Glück, eine Aufführung von *Immortal Hour* zu sehen, die, in Übereinstimmung mit den Fahrplänen der örtlichen Busse und Züge, zu Sonnenuntergang anfing. Die erste Szene begann bei hellem Tageslicht, das durch die vorhanglosen Fenster der Versammlungsräume hereinschien. Doch im Verlauf der Aufführung wurde die Dämmerung tiefer, bis man schließlich nur noch Phantomfiguren sich auf der Bühne bewegen sah, und das grölende Gelächter des Schattengrauens im Zauberwald erklang schließlich in völliger Dunkelheit, nur von den Sternen erleuchtet, die ungewöhnlich strahlend durch die Dachfenster des Saals hereinschienen. Es war ein unvergeßliches Erlebnis.

Doch leider endete die Akademie, die mit dem zarten Mystizismus von *Immortal Hour* begonnen hatte und durch den edlen Idealismus des Artuszyklus hindurch gewachsen war, mit dem harten Realismus der *Queen of Cornwall*.

Ein totgeborener Traum

Es ist noch nicht an der Zeit, jene tragische Geschichte zu erzählen. Glastonbury und der englischen Musik ging etwas Großes verloren, und wir alle wurden dadurch ärmer. Sich gegenseitig zu beschuldigen ist leichter, als gerecht zu urteilen. Gott sei Dank ist das nicht unsere Aufgabe. Wir können nur trauern um die unsterbliche Schönheit, die dahinschwand, und um einen totgeborenen Traum.

Die Arbeit von Rutland Boughton führte weiter zu Laurence Housman, der sich im nahegelegenen Dorf Street niedergelassen hatte und in den Versammlungsräumen von Glastonbury seine wunderbaren *Little Plays of St. Francis* (Kleine Stücke über den heiligen Franziskus) inszenierte. Erfüllt und frisch von der franziskanischen Einfachheit, paßten sie genau zu den simplen Gegebenheiten der Bühne von Glastonbury, und der Oberammergau-Charakter unserer kleinen Westland-Stadt wurde wieder fühlbar, als Bruder Juniper Mendipsteine in einer vom ortsansässigen Bauunternehmer geliehenen Karre daherrollte und und alle sich um die Verstrebungen der wackligen Bühne sorgten, die donnernd seinen Gang widerhallen ließ.

Sicherlich hatten wenige solcher Städte auf dem Lande das Glück, der Entstehungsort von so vielem zu sein, was in der künstlerischen Geschichte unseres Volkes von bleibendem Wert ist.

Von Webern ...

Von den zahlreichen Kunsthandwerkern der Region zu schreiben würde zu lange dauern. Wir können jedoch nicht an ihnen vorübergehen, ohne wenigstens einige zu erwähnen – nicht nur weil ihre Arbeit bedeutsam war für die Entwicklung des englischen Kunsthandwerks, sondern wegen der Freude, die Liebhaber schöner Dinge und zarter Ideale empfinden, wenn sie Dinge sehen, die sie lieben; so wie die gerade erschaffenen Geschöpfe, von denen Milton erzählt, die sich aus der Erde ihres Ursprungs erhoben und sich unbeholfen freizumachen versuchten. Das halbgewobene Tuch auf dem Webstuhl, der Krug, noch warm vom Brennofen – diese Dinge haben eine Frische, die verlorengeht, wenn sie zur Ware in einem Laden werden.

... Gerbern ...

Draußen auf dem hohen Rücken der Polden-Hügel, wo die Straße nach Bridgwater hinaufklimmt, um den trügerischen Marschen auszuweichen, liegt ein Ort, an dem es unter den Schritten hohl klingt: Hier liegen Kellergewölbe, in denen ein bekannter Straßenräuber seine Beute verbarg. In der Nähe steht das alte Haus, das sein Heim war. Daran hängt heute außen ein Bündel von rohem Schaffell an einem klei-

nen Querbalken: das Zeichen eines Handwebers, dessen Webstuhl man im Innern des Hauses klappern hören kann. Hier entstehen jene großartigen handgewebten Stoffe, die die Freude aller Leute des Westens sind, die zur Jagd gehen.

... und Töpfern

In Watchett, an der Küste, werden reizende graue Töpferwaren hergestellt, kunstvolle, derbe Teekannen mit Tüllen, die so stabil sind, daß man sie nur mit einem Hammer zerbrechen könnte; Teller, die man ohne Gefahr für ihre Form als Argumente selbst in den rauhesten Familienzwistigkeiten einsetzen könnte, und Becher und Schalen, bemalt mit weichfarbenen Erden, wie die Tongefäße der Seebewohner aus alten Zeiten, die in den Marschen gefunden werden. Diese Töpferwaren sind nicht gedacht für die edle Mahagonitafel mit graviertem Glas und feinem Leinen, aber auf alten Eichentischen mit fröhlichem, handgewobenem Tischzeug sind sie das schönste Geschirr, das man sich vorstellen kann.

Es gibt eine ganze Menge Leute, denen es Freude macht, ihre Ferien als Wanderung durch das ländliche England von Kunsthandwerker zu Kunsthandwerker zu verbringen und Produkte ihrer Kunst zu sammeln. Läden verabscheuen sie, sie wollen nur, was aus der Werkstatt direkt in ihre Hände kommt, belebt vom Geist des Handwerkers. Das Sammeln von Erzeugnissen des Kunsthandwerks direkt aus der Hand des Handwerkers ist ein erfreuliches Hobby; man vertraut auf das eigene Urteil, Dinge auszuwählen, die zukünftige Generationen zu schätzen wissen. Napoleon erklärte, als man ihn mit seinem fehlenden Stammbaum neckte, er werde selbst ein Ahnherr werden; ebenso können jene, die diesem hübschen Hobby nachgehen, geltend machen, daß ihre Entdeckungen, nach Ablauf der entsprechenden Zeit, Antiquitäten sein werden. Wieviel besser ist es doch, den Künstler zu Lebzeiten zu unterstützen als den Auktionator zweihundert Jahre später!

Handwerkliche Realisierung von Träumen

Und was für liebenswerte Leute sie sind, diese Menschen, die mit der Arbeit ihrer Hände ihre Träume verwirklichen. In handgemachten Dingen steckt eine spirituelle Qualität, die den maschinell gefertigten fehlt – so gut auch der Entwurf sein mag –, denn der Mensch, der mit seinen Händen etwas formt, das er selbst entworfen hat und in das er seine Träume miteinbringt, und der viele Opfer für seine Kunst gebracht hat, der er sein Bestes mitgibt, der muß das Ding lieben, das er vollendet hat. Und dieses geliebte Stück, gewärmt und geformt von menschlichen Händen, wird von eigenem Leben erfüllt. Es hat eine bestimmte Persönlichkeit, und empfindsame und verständnisvolle Menschen sind sich dessen bewußt. Die Alten fertigten Amulette unter bestimmten Zeremonien; sie zerstörten sorgfältig Gegenstände, die zu Verbrechen gebraucht worden waren, denn sie wußten um jene seltsame Eigenart unbelebter Dinge, die in engen Kontakt mit der menschlichen Seele gekommen sind. Wie viele

Ein altes keltisches Kreuz, Cornwall

andere Geheimnisse, die den Alten bekannt waren, haben wir auch jenes in der Eile des heutigen Lebens vergessen, denn wir gehen nur noch selten mit handgemachten Dingen um. Dennoch ist es das, worin die Faszination dieser Gegenstände liegt; denn die Dinge, die der Kunsthandwerker fertigt, sind lebendig und freundlich und kameradschaftlich, und wir lieben sie, ohne zu wissen warum. Vielleicht ist etwas von der Seele des Künstlers bei ihrer Fertigung miteingeflossen, sie sind nicht unbelebte Materie, sondern lauter Elfen und

Gnome und Feen, so daß sie, wie das Spielzeug in Andersens Märchen, miteinander reden, wenn niemand im Zimmer ist, der zuhört.

In Wells werden schöne Lampen hergestellt, auch handgefertigte Drucke von Holzschnitten; und in Clevedon färbt man reizende Webwaren aus Seide und Wolle und Leinen mit Pflanzenfarben.

Glastonbury beherbergt zwischen seinen alten Eichen Schreiner, die in Handarbeit Möbel herstellen, einschließlich jener Stühle, die so hart aussehen und die so bequem sind, angefertigt nach einem Vorbild aus der Abtei: massive Stühle, ohne einen einzigen Nagel darin, die man auseinandernehmen und flach stapeln und wieder zusammensetzen kann – nur mit Zapfen und Keilen.

Glastonbury ist wahrhaft reich an Gegenständen des menschlichen Seelenlebens, seiner Träume und Ideale. Es hat die Erzeuger vieler schöner Dinge inspiriert und wird auch in Zukunft noch viele inspirieren, denn seine Botschaft an die Menschheit ist noch nicht beendet. Auf der geliebten Insel Avalon, zwischen unseren Westland-Feldern, wird noch weiteres ans Licht der Welt kommen.

Das Tor der Erinnerung

Von allen merkwürdigen Ereignissen, die mit Glastonbury in Verbindung stehen, sind vielleicht jene die seltsamsten, über die in zwei Büchern berichtet wird und die in der Erforschung des Übersinnlichen epochemachend waren: *The Gate of Remembrance* (Das Tor der Erinnerung) und *The Hill of Vision* (Der Hügel der Vision). Bligh Bond, bekannt als Architekt und Restaurator alter Kirchen, war zum Kurator der Abteiruinen ernannt worden, nachdem die anglikanische Kirche sie bei der berühmten Auktion ersteigert hatte. Er interessierte sich für Spiritismus und saß eines Tages mit einem medial veranlagten Freund zusammen, der gleich losschrieb, als plötzlich das Wesen, mit dem sie Verbindung hatten, mit einem Bericht über die alte Pracht der Abtei von Glastonbury begann, wobei es behauptete, es sei der Geist eines der Mönche, die sie gegründet hatten. Der Freund schrieb das Erfahrene auf angelsächsisch und »Küchenlatein« in einer sehr krakeligen Handschrift nieder.

Ein Geist erweckt die Vergangenheit zum Leben

Unter anderem berichtete das Wesen von Seitenkapellen, darunter besonders von jener hinter dem Allerheiligsten, die in keinem Dokument in irgendeiner Weise erwähnt war. Es gab genaue Maße an, wie ein Architekt sie brauchen würde, und die beiden Forscher waren so überzeugt, daß Bligh Bond, der ja glücklicherweise aufgrund seines Amtes Zugang zum Abteigelände hatte, sofort begann, nach den verlorengegangenen Grundmauern der unbekannten Kapellen graben zu lassen, deren Lage über die Aufzeichnungen seines Freundes von dem toten Mönch mitgeteilt worden war.

Die verschollenen Kapellen

Und er fand sie tatsächlich – genau wie es in dem Bericht geheißen hatte. Sie stießen nicht nur auf eine Kapelle, sondern auf eine Kapelle nach der anderen, während Nacht um Nacht der alte Mönch in seiner antiquierten Ausdrucksweise ihre Fragen beantwortete.

Diese seltsamen Experimente und ihre Ergebnisse sind in dem äußerst faszinierenden Buch *The Gate of Remembrance* beschrieben; und in *The Hill of Vision* werden einige sehr interessante Voraussagen in bezug auf den Krieg getroffen, die schließlich unglücklicherweise wahr wurden.

Die Veröffentlichung dieser Bücher lenkte die Aufmerksamkeit vieler auf die kleine Stadt im Westen, die zur gleichen Zeit durch ihre Musikfestspiele und die Aufführung von *Eagerheart* im Haus bei der heiligen Quelle bekannt wurde. Man fühlt sich unwillkürlich erinnert an einen riesigen Zirkus mit drei Arenen, in denen gleichzeitig Vorstellungen gegeben werden und wo der arme kleine Junge ein anhaltendes Schielen bekam, als er versuchte, nichts zu versäumen. Einige der *Bab Ballads* sind auch dazu geeignet, doch im Sinne des Friedens werde ich darauf verzichten, genau zu sagen, welche ich meine.

Geistwesen zeigen den Weg

Es gab noch weitere Mitteilungen von verschiedenen Wegen, die durch Ausgrabungen bestätigt wurden. Und sie fanden nicht nur ihren Weg über das ursprüngliche Medium, sondern auch über andere, einschließlich eines Mannes, der in literarischen Kreisen Amerikas allgemein bekannt war. Und auch diese Hinweise bewahrheiteten sich bei den daraufhin eingeleiteten Ausgrabungen. Ich hatte das Glück, eines Abends einen Teil des automa-

Castle Combe, Wiltshire

tisch mitgeschriebenen Textes zu lesen, und ging am folgenden Morgen mit Bond zur Abtei hinunter, wo ich beobachten konnte, wie die Vermessungsstangen zwischen den Wurzeln alter Bäume in den unversehrten Boden getrieben wurden und wie Spaten der Ausgräber in weniger als zwanzig Minuten auf die vergessenen Grundmauern stießen. Sie verliefen genau dort, wo es die Vermessungsstangen anzeigten. Nicht ein Zentimeter Boden wurde überflüssigerweise aufgewühlt, der sauber gezogene Graben markierte genau die alte Kapelle.

Skeptiker behaupteten, Bond habe Zugang zu unbekannten Manuskripten gehabt, doch niemand legte sie je vor; seine Arbeit an den Grundmauern der Abtei ist eines der beweiskräftigsten Ereignisse in der heutigen Erforschung des Übersinnlichen.

Vergrabene Schätze

Es gab auch einige interessante Funde bei der Suche nach Edelmetallen unter Zuhilfenahme von Wünschelruten. In den alten Berichten hieß es, daß die Mönche, als sie von einem Angriff der Dänen bedroht waren, ihre Schätze vergraben und dann den Platz des Verstecks vergessen hatten. Zwei voneinander unabhängige Rutengänger, von denen keiner über die Arbeit des anderen informiert war, fanden die gleichen Metalle an den gleichen Orten und in etwa der gleichen Tiefe.

Ich machte die interessante Erfahrung, einen dieser Rutengänger, eine Frau, bei ihrer Tätigkeit zu beobachten. Sie war eine kultivierte Dame von Rang, und die Suche nach Wasser war ihr Hobby. Anstelle einer Haselrute verwendete sie ein sehr modernes Gerät, eine Y-förmige, hohle Aluminiumröhre, die so an Fahrradhandgriffen befestigt war, daß sie sich frei drehen konnte, versehen mit einem Umdrehungsmesser, der die Drehungen zählte, die die Rute machte. Irgendeine Manipulation war unmöglich, denn die Röhre hing lose an den Griffen, und nur diese wurden angefaßt. Der Grund für die Verwendung dieses Geräts lag darin, daß den Händen der Rutengängerin durch die schnellen Drehungen der rauhen Haselruten, die sie seit der Entdeckung ihrer Fähigkeit gewöhnlich benutzt hatte, schlimme Blasen zugefügt wurden. Während der Suche nach Edelmetallen pflegte sie ein Stück des betreffenden Metalls in die Hand zu nehmen – Silber oder Gold, je nachdem –, und wenn sie über eine Stelle hinwegschritt, in der die gleiche Art von Metall verborgen war, bewegte sich die Rute entsprechend. Die Tiefe, in der der geheime Schatz lag, bestimmte sie aus der Anzahl der Umdrehungen der Rute, daher der Umdrehungsmesser.

Eine moderne Wünschelrute

Die Autorin versuchte auch, die Rute zu verwenden, doch ohne Erfolg – bis die Rutengängerin hinter sie trat und ihre Ellbogen ergriff. Daraufhin lief eine so starke elektrische Strömung ihre Arme hinunter, daß es wirklich unangenehm war, und die Rute begann unruhig zu zucken, ohne sich jedoch wirklich zu drehen.

Doch all diese Vorgänge, so interessant sie

auch für jene, die in der Sache nicht verantwortlich waren, sein mochten, begannen – nicht unnatürlicherweise – die kirchlichen Spießbürger zu erschrecken. Bligh Bond und seine Aktivitäten riefen allmählich das Mißfallen der Verwalter der Abtei hervor; nach viel Groll auf beiden Seiten ging seine Verbindung zur Abtei zu Ende. Es ist nach wie vor eine strittige Frage, ob die Verwalter der Abtei als übel mißbrauchte Personen anzusehen sind, die eine Schlange an ihrem Busen nährten, oder als Hennen, die einen Schwan ausgebrütet haben.

Zum Zeichnen inspiriert

Ein weiteres interessantes Ereignis, das allerdings nicht direkt mit der Abtei zu tun hat, möchte ich hier erwähnen, bevor wir zu einem anderen Thema übergehen. Mr. Bonds Tochter, die nie auf irgendeine Weise im Zeichnen ausgebildet worden war, begann plötzlich automatisch mit jener Kunstfertigkeit. Es handelte sich dabei nicht um die gewöhnlichen undeutlichen Bemühungen der sogenannten Automatisten, sondern um bemerkenswerte Aktstudien, die in ihrer fein ausgeführten Präzision an die Zeichnungen Leonardo da Vincis erinnerten. Sie wurden mit außergewöhnlicher Geschwindigkeit hergestellt, ohne jedes Modell oder irgendeine Anleitung, und ohne daß auch nur eine Linie je eine Korrektur erfuhr. Wie kam ein junges Mädchen dazu, ihre minimalen Kenntnisse der menschlichen Muskulatur vorausgesetzt, derart sorgfältige Studien zu zeichnen? Das war ein weiteres Problem für die Skeptiker.

Die Geister, die Gestalt annahmen

Doch obwohl die Wesen, die sie zeichnete, anatomisch korrekt waren, konnte man sie kaum als menschlich bezeichnen. Seltsame ätherische Gestalten von Naturgeistern und Dämonen mit unheimlichen Augen wie Sternensaphire flogen und wanden sich über ihre Seiten.

Die Wände in dem Haus, das Miss Bond und ihr Vater an der Straße nach Shepton Mallet bewohnten, waren bedeckt mit diesen seltsamen Figuren, einer wunderbaren Bildergalerie, bis der Vermieter, nachdem er ihrer ansichtig wurde, sie empört mit einem Mantel aus weißer Farbe exorzierte.

Dort, im Schatten des »Tor«, machte sie auch andere seltsame übersinnliche Erfahrungen, und sie hat in einem sehr bemerkenswerten Buch mit dem Titel *Avernus* davon berichtet – bemerkenswert sowohl wegen der darin beschriebenen übersinnlichen Ereignisse als auch wegen seiner literarischen Qualität.

Mehr als einer Person sind im Bannkreis des »Tor« seltsame Dinge zugestoßen.

Wie der Kelch gefunden wurde

Vor einigen Jahren, noch vor dem Krieg, wurde eine ausgesprochene Sauregurkenzeit in den Zeitungen durch lange Spalten und viele Zuschriften belebt, in denen es um den Fund eines sogenannten Kelchs in Glastonbury unter mysteriösen Umständen ging, wobei eine reine Jungfrau, geführt durch einen Traum, in einer heiligen Quelle eine alte Schale entdeckte, die man für den Gral hielt. Dieses aufregende Ereignis machte als kurzlebige Sensation die Runde, als die Zeitung einen Brief von einem angesehenen Leser erhielt, der angab, die Schale gehörte zu seinem Besitz und sei von ihm selbst zu jenem Ort gebracht worden, an dem sie gefunden worden war. So fiel die ganze Angelegenheit sang- und klanglos in sich zusammen, und die Zeitungen, die gerade noch versucht hatten, sie hochzuspielen, schoben schnell andere Themen in den Vordergrund.

Eine kurzlebige Sensation

Die wirklichen Fakten in dieser Sache, soweit sie gesichert feststehen – denn die Leute sind in diesem Zusammenhang verschwiegen –, sind sehr interessant und bemerkenswert.

Die Geschichte beginnt damit, daß ein gewisser Geschäftsmann während seines Urlaubs Genua besuchte. Sein Vater war ein Kenner, was Glas betraf, und der Geschäftsmann hatte die Angewohnheit, ungewöhnliche Stücke für ihn zu erwerben und ihm diese aus dem Ausland nach Hause zu schicken. Als er in Genua nun einen Antiquitätenhändler aufsuchte, zeigte man ihm eine flache Schale mit archaischem Muster und berichtete ihm, daß sie kürzlich gefunden worden sei, eingemauert im Mauerwerk eines Nonnenklosters, das abgerissen worden war. Er kaufte die Schale zu einem guten Preis und schickte sie nach England. Daraufhin bekam er einen Brief von seinem Vater, in dem stand: »Du bist Dir wohl kaum darüber im klaren, was Du mir da geschickt hast.«

Die Geschichte des Kelchs

Der alte Herr starb jedoch, bevor der Käufer der mysteriösen Schale die Rückreise nach England antreten konnte, und so erfuhr er nie, was der erfahrene Glaskenner dazu zu sagen gehabt hatte.

Einem Traum gehorchen

Bald nach seiner Rückkehr jedoch wurde er von einem immer wiederkehrenden Traum beunruhigt, der ihn drängte, ihm befahl und ihn sogar bedrohte, er müsse den alten Glaskelch umgehend nach Glastonbury bringen und an einen Platz legen, der ihm gezeigt werde. Schließlich beschäftigte dieser Traum seinen Geist so sehr, daß er mit dem kostbaren Gefäß tat, wie ihm geheißen worden war. Er fuhr mit dem Zug nach Glastonbury, legte es in das Wasser einer alten Schleuse auf den Feldern in der Nähe des Bahnhofs, wo das Vieh unter alten

Die ewige Suche nach dem heiligen Gral: Könnte hier nicht der edle Ritter Lanzelot geruht haben?

Weißdornbüschen zum Trinken hinkommt, und kehrte mit leichterem Herzen nach Hause zurück, ohne jemandem davon zu erzählen.

Doch die Sache war hier noch nicht zu Ende. Es hatte nämlich ein anderer Mann von nun an einen immer wiederkehrenden Traum – ein Mann der sich der Aneignung mystischer Kenntnisse verschrieben hatte –, und ihm wurde gesagt, er solle eine reine Jungfrau nach Avalon mitnehmen, denn er werde dort an einem Ort, den er noch erfahren werde, den heiligen Gral finden. Er befolgte die Weisung und überredete seine Kusine, ihn zu begleiten. Und wie es ihm in seinem Traum gezeigt worden war, gingen sie direkt zur Saint Bride's Well (Quelle der heiligen Brigida), wo das kleine

Wasser in der Nähe der Einsiedelei von Beckary, der flachen Erhebung in den Marschen, mit alten Steinmauern umgeben ist. Dort suchten sie das Becken ab, fanden aber nichts.

Das Mädchen und der Kelch

Enttäuscht und entmutigt kehrten sie zurück, um die Nacht in der Herberge zu verbringen und am nächsten Morgen in die Stadt zurückzukehren. Doch in der Nacht hatte das junge Mädchen, das bei dieser seltsamen Expedition als Sucher fungierte, einen Traum. Sie stand im Dunkeln vor Morgengrauen auf und ging allein zur Quelle zurück. Dort zog sie im Schutz der Weißdornbüsche ihre Kleider aus und stieg ganz in den Teich, wo sie in seinem zertrampelten Schlamm herumtastete, auf der Suche nach dem, was ihr versprochen worden war. Schon nach den ersten Schritten wurde sie fündig und zog aus dem Schlamm eine seltsam aussehende Schale heraus, die aus einem rauhen, bläulichen Glas bestand, in das kleine Kreuze eingelassen waren.

Diese seltsame Schale wurde in der Folge verschiedenen Spezialisten für altes Glas gezeigt, die erklärten, sie sei entweder zu Beginn der christlichen Zeitrechnung in Syrien hergestellt oder aber als Kopie dieser Art von syrischem Glas im vierzehnten Jahrhundert in Venedig angefertigt worden. Auf jeden Fall war es ein seltener und wertvoller Gegenstand.

Wie es das Unglück wollte, erfuhren die Zeitungen von diesem Ereignis, drehten das hintere nach vorn und posaunten es aus; die etwas vorschnelle Überzeugung und viele Übertreibungen wurden schließlich durch gleichermaßen vorschnellen Skeptizismus und Ablehnung ersetzt.

Wenn man jedoch die zwei Teile dieser seltsamen Geschichte zusammenfügt und in die richtige Reihenfolge bringt – etwas, was den Zeitungen nie gelang –, was soll man dann davon halten? Die Fakten werden von Leuten bezeugt, deren Aufrichtigkeit über jeden Zweifel erhaben ist.

Zum gegenwärtigen Zeitpunkt wird das geheimnisvolle Gefäß in einem kleinen Schrein ehrfürchtig bewahrt, der von jenen, in deren Besitz es gelangte, zu seinen Ehren erbaut wurde.

Avalon und Atlantis

Als die Römer nach Britannien kamen, trafen sie auf wilde Stämme, die in Pfahldörfern in dichten Wäldern lebten. Straßen gab es keine, außer den gefahrvollen Trampelpfaden, die von Dorf zu Dorf durch die Sümpfe führten. Und dennoch waren die Römer nicht die ersten Straßenbauer in Britannien. Über die Höhenzüge führten die Wege einer alten Zivilisation, die versunken und vergessen worden war, lange bevor die Römer die Zinninseln eroberten.

Die Relikte einer uralten Zivilisation

Was die römischen Überreste für uns sind, das waren jene alten Wege für sie. Wo auch immer die magere Erdschicht über dem Kalkstein den Bäumen zu dünn war, fand man in großer Zahl die Spuren einer alten, wohlorganisierten Zivilisation, ihre Straßen, ihre Wachhäuschen, ihre Tauwasserteiche und, am herrlichsten, ihre riesigen aufrechtstehenden Steine, die bis zum heutigen Tag von der Landbevölkerung »Sarsen-Stones« (Sandsteinblökke) genannt werden. Die Etymologen sagen, daß das Wort »Sarsen« eine Verballhornung von »Sarazene«, »Fremder«, ist. Wer waren die Fremden, die die großen Steine aufrichteten?

Die Geschichte kann es uns nicht sagen, denn ihre Berichte reichen nicht hinter die Dämmerung unserer Zeitabfolge zurück. Doch davor schimmerte schwach vernehmbar das Zwielicht einer anderen Kultur. Es mag schon sein, daß die Geschichte sie nicht kennt und die Volkserzählungen sich im Kreise bewegen, und dennoch bleiben die Spuren. Große Steine im Hochland und grüne Wege, die sich durch kalkiges Gelände winden, sind Zeugen der Werke eines uralten Volkes, das vor langer Zeit im Dämmer der Geschichte versank.

Als die Götter unter den Menschen wandelten

Es gibt Überlieferungen, noch älter als die Volkslegenden, die von einem goldenen Zeitalter berichten, als die Götter noch unter den Menschen wandelten und sie die Künste der Zivilisation lehrten. Doch sogar diese Götter selbst waren nicht die ersten der Schöpfung; sie hatten Vorgänger – Riesen, die sie überwanden und deren Reiche sie im Sturm eroberten. Die ältesten und furchtbarsten, die Götter der Felsen, waren die ersten Wesen der Schöpfung.

Überall finden wir diese Geschichte einer alten Rasse, diesen Mythos von den Göttern, der im düsteren Zwielicht in der Dämmerung der Zeitalter die Himmlischen schuf.

Doch es gibt noch eine andere Geschichte, die dazugehört – die Geschichte eines untergegangenen Landes und einer verlorenen Kultur. Sie existiert im alten Mythos der Chaldäer, und die Lieder unserer eigenen keltischen Überlieferung sind voll davon. Für uns ist es das verlorene Land von Lyonesse, dessen Kirchenglocken man jenseits der stürmischen Küste Cornwalls draußen im Atlantik läuten hören kann, wo die dunkle Figur Merlins sich durch den Nebel der Legenden bewegt – eine Figur, die sogar die Verfasser der Lieder verwirrte, die von seiner Macht und Weisheit erzählten. Auch sie wußten nicht, woher er kam und was er war.

Merlin – eine rätselhafte Figur im Zwielicht der Legende

Merlin war der Führer und Lehrer zweier Kinder: von Arthur Pendragon, dem König Artus von Britannien, und Morgan le Fay – der Fee Morgana –, der dunklen Lilith unserer Insellegende, die manchmal mit der »Lady of the Lake«, der Dame vom See, identifiziert wurde und von der es heißt, sie sei Artus' Halbschwester gewesen. Wer war Merlin mit seinem tiefen Wissen, und wer waren diese beiden Kinder, die er erzog: die Feenfrau, nicht von sterblicher Abstammung, und Artus, den der Magier, irgendeinem geheimen Wissen entsprechend, das nur er hatte, entstehen ließ, ungeachtet der Gesetze der Menschen?

Hier liegen viele Fäden, die nie entwirrt und zusammengefügt wurden. Gibt es einen Hinweis, der die Bedeutung jener alten Sagen enthüllt und ihre Weisheit rechtfertigt, oder sollen wir sie als eitle Phantasien abtun, die gesponnen wurden, um die lange Zeit der Dunkelheit an den Feuern der britannischen Stämme zu verkürzen? Wir können die Sagen für nichtig erklären, doch nicht die großen Steine auf den Höhen oder die alten Wege dazwischen.

Hier ist noch eine Geschichte, die die Mär-

Die Legende berichtet von einem Land im Westen, versunken in den Wassern. Atlantis . . .

chenphantasien bereichert, welche um jene uralten Tage der Dämmerung unseres Volkes gewoben wurden.

Die ägyptischen Priester, selbst Erben einer uralten Tradition, erzählten Plato von einer noch älteren Kultur, der ihre eigene entstamme. Sie berichteten ihm von einem verlorenen Land im Westen, versunken in den Wassern des Atlantiks. Die Alten nahmen diese Behauptungen ungefragt als Tatsachen hin; es blieb späteren Zeitaltern vorbehalten, sie anzuzweifeln und sie schließlich zu reinen Mythen abzuwerten.

Doch wurden sie endgültig abgewertet? Es gibt eine ständig wachsende Gruppe von Menschen, die der Meinung sind, man könne den mythischen, verlorenen Kontinent im Atlantik als Lösung für viele Probleme aus der Vorgeschichte ansehen. Die Kenntnisse, auf denen diese Überzeugung fußt, und die Schlüsse, die daraus gezogen wurden, sind in vielen Büchern nachprüfbar. Ich kann an dieser Stelle nicht darauf eingehen, denn sie sind für mein Thema nicht relevant.

Was ist meine Theorie, die ich zu der schon unzählbaren Schar der bestehenden Vermutungen hinzuzufügen habe? Wir wollen ganz am Anfang beginnen, wie die Kinder sagen, wenn man ihnen eine Geschichte erzählen soll, und etwas von der Geschichte des verlorenen Atlantis berichten, um zu sehen, ob sie mit unserer Inselüberlieferung von Merlin und Artus und dem untergegangenen Land von Lyonesse zu tun hat.

Die Legende von einem großen Volk

Von der Mitte des Atlantiks bis dahin, wo heute Mittelamerika liegt, so heißt es in der geheimen Überlieferung, erstreckte sich ein großer Kontinent, auf dem das Volk lebte, das auf die Lemuren folgte und unserem eigenen voranging. Es gab eine bedeutende Kultur, mit Hilfe der Götter aufgebaut, die zu jener Zeit noch unter den Menschen weilten. Die wunderbare »Stadt der goldenen Tore« wurde erbaut, über die es in der mündlichen Überlieferung aller Völker Erzählungen gibt. Diese Stadt, so heißt es, war an den Hängen eines erloschenen Vulkans errichtet worden, an der Küste jenes alten Landes. Dahinter lag eine Ebene, die sich bis zu den Gebirgsketten im Innern des Landes ausdehnte. Der erloschene Vulkan war eine einzelne, pyramidenförmige Erhebung in Form eines Kegelstumpfes, dessen eine, dem Inland zugewandte Seite steil abfiel in einen jähen Abgrund. Zu seinen Füßen lag eine große Ansammlung von Weidenhütten, in denen die Lastenträger lebten. An der Flanke des Berges wohnten die Kasten der Händler und Handwerker, und seinen flachen Gipfel krönten die Paläste und Schulen der heiligen Sippe, die sich in zwei Zweige gliederte: die Kaste der Militärs und jene der Priesterschaft.

Diese heilige Sippe war äußerst sorgfältig gegen den Rest der Bevölkerung abgegrenzt, und ihre Vermehrung geschah unter der Aufsicht der Priester. Sobald die Knaben der Sippe das Alter erreichten, in dem man ihre Fähigkeiten erkennen konnte, wurden diejenigen, die man für geeignet hielt, in die heiligen Schulen aufgenommen, um auf die Priesterschaft vor-

bereitet zu werden, während diejenigen, die sich dafür nicht eigneten, in die Militärschulen geschickt wurden, um eine Armeeausbildung zu erhalten. Die Jungfrauen von heiliger Herkunft wurden mit größter Sorgfalt bewacht und mit Priestern oder Soldaten verheiratet, je nach Abstammung und Temperament. So entwickelte die heilige Sippe jene seltenen Fähigkeiten des Geistes, die bei den Alten noch so hochgeschätzt waren und heutzutage so wenig verstanden werden: die Fähigkeiten, die die Griechen und Ägypter in die Lage versetzten, die Grundlagen der modernen Astronomie zu entdecken, die Atomtheorie der Chemie, die Zellstruktur organischer Materie – und all das ohne die Hilfe irgendeines jener Instrumente, deren Erfindung die moderne Wissenschaft bedurfte, um sich entwickeln zu können.

Die Atlanter: ein Volk des Wissens und der Macht

Die Atlanter, so heißt es in der alten Überlieferung, waren große Seefahrer, deren Handelsgebiet sich vom Schwarzen Meer bis zum Pazifik erstreckte. Sie waren auch eine bedeutende Kolonialmacht, und wo immer sie ihre Kolonien errichteten, dorthin brachten sie ihre Priester und Altäre. Sie waren Sonnenanbeter und verehrten den Herrn und Spender des Lichts in offenen, kreisförmigen Tempeln, gepflastert mit riesigen Steinplatten aus Marmor und Basalt. Die Atlanter waren von riesiger Statur und besaßen das Wissen, wie man die in keimenden Samen verborgen liegende Kraft in bewegende Energie umsetzt. Ihre Architektur war von zyklopischer Art – große Blöcke be-

Die Küste Cornwalls: Landeten hier die sagenhaften Atlanter?

hauenen Steins, die kein primitiver Mensch hätte bewegen können.

Was hat nun unser Avalon mit dieser Geschichte zu tun? Besteht die Möglichkeit, daß wir in den Legenden von Merlin und dem untergegangenen Land Lyonesse die Geschichte des verlorenen Atlantis berühren? Die Atlanter, so sagt uns Plato, seien große Seefahrer und

Kolonialherren gewesen. Könnte es sein, daß Avalon – mit seinem Untergrund heidnischer Legenden – einst atlantische Kolonie gewesen ist? Ist es möglich, daß Merlin ein Atlanter war – ein initiierter Priester –, und daß er in seiner Einflußnahme auf die Geburt des Artus der atlantischen Sitte der zu größerer Weisheit aufzuziehenden Könige folgte? Kreuzte Merlin möglicherweise in der Verfolgung eigener Ziele, entgegen den strengen Gesetzen der heiligen Sippe, das Atlantische mit dem Keltischen, um das höhere Bewußtsein der atlantischen Rasse den Kelten der kolonisierten Insel zu übertragen, und erzeugte er so Artus? Und war die Fee Morgana, die Halbschwester des Artus, die in allen Wissenschaften gelehrte Zauberin, deren Name aus dem keltischen Wort für Meer abgeleitet ist – war diese Frau also eine reinrassige Atlanterin, die in Britannien geborene Tochter des Meeresvolkes?

War Merlin ein Atlanter?

Alte Völker und ihre Legenden

Die Legenden der Waliser sind voller Geschichten von untergegangenen Ländern; und diejenige von Lyonesse, jenseits der Küste Cornwalls, wurde von den kornischen Kelten überliefert. Ist es möglich, daß diese untergegangenen Länder das verlorene Atlantis sind? Erfuhren die Kelten von jener alten Kultur durch Seefahrer, die auf ihren Abenteuerfahrten zu ihnen kamen, um mit ihnen Handel zu treiben und sich als Kolonialherren unter ihnen anzusiedeln? Es ist in diesem Zusammenhang bemerkenswert, daß die ungewöhnliche Konsonantenkombination »tl«, die in dem Wort

Atlantis vorkommt, sehr charakteristisch für die Sprachen der Ureinwohner von Zentralamerika ist, und daß ein ähnlicher Laut in der walisischen Sprache existiert, nämlich »Ll« am Wortanfang, das als gutturaler Schnalzlaut gesprochen wird.

Es ist ebenfalls bemerkenswert, daß das Herkunftsgebiet der Artuslegenden mit dem der aufrechtstehenden Steine der alten Sonnenanbetung übereinstimmt.

Rätsel über Rätsel

Verdanken wir jene grünen Wege Englands, die sich über den Kalkboden dahinwinden, jenem alten Volk von Seefahrern, das die Südhälfte Britanniens kolonisierte und seine Handelsniederlassungen an der Westküste Schottlands ansiedelte? Waren sie es, die die zyklopischen Steine aufrichteten, welche denjenigen, die man heutzutage noch aufrechtstehend in den Wäldern Mittelamerikas findet, so sehr ähneln?

Ist der Hang zum Spirituellen, der der keltischen Rasse eigen ist, dem atlantischen Blut in ihren Adern zuzuschreiben, eingebracht durch die gewagten Experimente Merlins, jenes atlantischen Eingeweihten, der sein Los mit den Inselvölkern teilte, nachdem seine eigene Rasse im Meer versunken war?

Man kann hier einen weiteren merkwürdigen Punkt anführen und seinen Wert und seine Bedeutung der Beurteilung des Lesers überlassen. Jene, die den berühmten »Tor« von Glastonbury gesehen haben, um den sich so viele Legenden ranken, fragen sich immer wieder

Zeugnisse einer längst verschollenen Urreligion

verunsichert, ob er wohl natürlichen oder künstlichen Ursprungs sei. Seine Pyramidenform, im Zentrum einer ausgedehnten Ebene gelegen, ist fast zu vollendet, um echt zu wirken – zu bestimmt, um das ungestörte Werk der Natur zu sein. Wenn man ihn aus der Nähe betrachtet, kann man deutlich eine terrassenförmige Spur erkennen, die sich in drei Runden um den Kegel des »Tor« windet – unstreitig ein Werk des Menschen. Wer waren jene, die ihre Götter auf Anhöhen verehrten und diese auf Prozessionswegen erklommen?

Es ist bekannt, daß die Alten die Städte ihrer Kolonien am liebsten in der gleichen Weise anlegten wie die Mutterstadt im Ursprungsland ihres Volkes. Ist es möglich, daß unser seltsamer pyramidenförmiger Hügel mit seinem abgestumpften Gipfel und der Inlandseite, die so steil ist, wie es die Erde nur zuläßt, vielleicht von menschlichen Händen diese Gestalt erhielt in Erinnerung an jenen heiligen Berg des Mutterlandes? Sowohl hier wie dort ist die Ebene von abgerundeten Hügeln umgeben, örtlich immer noch Inseln genannt, von Hügeln, die kein Felsenskelett haben, sondern die aus härterem Ton bestehen und von irgendeinem Strudel des Severn zurückgelassen worden sind, bevor der Schlick sein Bett verengt hatte. Es wäre nicht allzu schwierig, einen solchen Lehmhügel mit keinen anderen Werkzeugen als Hacken und Körben in die gewünschte Form zu bringen.

Michael, der Streiter gegen den heidnischen Glauben

In der Überlieferung heißt es, daß der »Tor« tatsächlich einer jener erhöhten Orte der uralten Sonnenanbetung war und daß ein Steinkreis wie ein kleines Stonehenge einst auf seinem Gipfel stand. Diese Steine wurden umgestürzt, als die Verehrung der Sonne durch jene des Gottessohnes abgelöst wurde, doch die Kräfte, die aus den heiligen Riten eines älteren Volkes hervorgegangen waren, erwiesen sich als so stark, daß eine dem Erzengel Michael gewidmete Kirche dort oben errichtet werden mußte, um die dunklen Einflüsse der heidnischen Verehrung zu unterdrücken. Und gerade die für Michael gebauten Kirchen, die sich auf Berggipfeln erhoben – was sicher nicht der Bequemlichkeit der Gemeindemitglieder dienen sollte –, sind charakteristisch für Gegenden, in denen bekannterweise dem alten Sonnenkult gehuldigt worden war. Die Legenden von Artus, den aufrechtstehenden Steinen und den

Glastonbury, Glasfenster in St. John's

Gipfelkirchen, die dem Erzengel geweiht sind, scheinen alle zusammenzupassen.

Der heilige Michael wird immer auf einer Schlange stehend dargestellt; er ist in magischen Anrufungen der mächtige Erzengel des Südens, und dem Süden ist das Element Feuer zugeordnet. Auch hier haben wir wieder eine seltsame Verbindung. Die Atlanter waren Sonnenanbeter, und Feuer ist das weltliche Symbol für die Sonne. Seine heilige Richtung ist der Süden, so wie die heilige Richtung der Christenheit der Osten ist. Die Schlange steht als Symbol für zwei Dinge: die Weisheit und das Böse. Ist es nicht möglich, daß die Schlange in ihrem zweifachen Aspekt die alte Weisheit einer uralten Rasse repräsentiert, eine Weisheit, die dem Verderben anheimfiel, die deshalb dem neuen Glauben als Böses erscheint und dennoch eine Quelle tiefsten Wissens ist?

Michael, der christliche Heilige, ist Teil einer älteren Hierarchie; er ist der mächtige Regent des Elements Feuer. Wer außer ihm könnte eingesetzt werden, um die Schlange der Feueranbetung, die dem Untergang geweiht ist, zu zertreten?

Heidnische Steine – Fundament der Abtei

Auf dem »Tor« gibt es inzwischen keine stehenden Steine mehr, doch die Überlieferung versichert, daß sie zerhauen und als Grundsteine für die Abtei verwendet wurden; und tatsächlich stößt man in der Abtei auf Steine, die aus keinem der örtlichen Steinbrüche stammen und von einer Härte sind, die den Werkzeugen der heimischen Handwerker widersteht. Könnten dies nicht Fragmente der alten »Sarsens« sein, jener »Steine der Fremden«, die für ihre Tempel mächtige Brocken von ungeheurer Härte verwendeten, die in Kalkböden vorkommen, wo sich Silikate mit dem Sand verbunden haben und die die grauen Findlinge auf manch einer Weide des Oberlandes bilden?

Ob die Überlieferung die Wahrheit sagt oder nicht – am Fuße des »Tor« existiert der prähistorische Brunnen, der aus genau jenen zyklopischen Steinen gehauen wurde, die bei den Erbauern von Stonehenge, Carnac und den untergegangenen Tempeln der Maya und Tolteken Verwendung fanden. Im Brunnen befindet sich die Nische für Menschenopfer: das Wasseropfer eines Seevolkes; und es heißt, es sei die Liebe der Atlanter zum Menschenopfer und

zur schwarzen Magie der niedersten Art gewesen, die ihren Untergang herbeigeführt habe und die Zerstörung ihres Landes bewirkte. Wo das verlorene Atlantis unterging, verläuft heute der tiefste aller Meeresgräben – bis zum heutigen Tag ein unergründeter Spalt –, und darüber rauscht die Sargassosee, eine riesige Insel von Meerespflanzen, die so dicht ist, daß Möwen auf ihrer Oberfläche landen und Schiffe ihr ausweichen.

All dies ist Vermutung, nicht Geschichte; moderne Mythenerzählung, nicht Forschung. Doch wenn man allein auf dem »Tor« steht, wenn sich das Meer der Wunder beinahe darüber schließt, kann man das Ende des verlorenen Atlantis nicht vergessen.

Die Vision von Avalon

Die Atmosphäre von Glastonbury gleicht einer Fuge, durchzogen von den Fäden vieler Klänge, von denen mal der eine, mal der andere an die Oberfläche steigt, während doch alle zu gleicher Zeit da sind, einen Hintergrund von Harmonie in Harmonie webend, passend zum Motiv des Augenblicks.

Avalon ist universell

Es ist dieser komplizierte Kontrapunkt der Atmosphäre Glastonburys, der schon so viele Menschen verwirrt hat. Denn Avalon kann nicht von irgendeiner Sekte als ihr privates Heiligtum in Beschlag genommen werden. Es gehört weder dem Künstler noch dem Anglikaner, weder dem Spiritisten noch dem Heiden. Sie alle haben Anteil an Avalon, doch keiner kann die anderen verleugnen.

Glastonbury ist heute nicht wegen seiner historischen Bedeutung wichtig für das spirituelle Leben unseres Volkes. Viele Orte sind reich an Legenden und an Historie, doch keiner ist »der heiligste Boden Englands«. Glastonbury ist ein spiritueller Vulkan, aus dem das Feuer aus dem Herzen des britischen Volkes hervorbricht und zum Himmel aufflammt.

Eine endlose Prozession von Magie und Mystik . . .

Es gibt Zeiten in der Geschichte von Völkern, in denen das innere Leben an die Oberfläche kommt und Gestalt erhält; und aus diesen Rissen im Schleier strömt das Licht des Heiligtums hervor. Dorthin blicken wir, wenn wir Inspiration suchen. Glastonbury besitzt einen seltenen Reichtum an solchen Dingen. Hier finden wir heilige Reliquien von vielen Seiten der Erfahrung der Seele. Die tiefe, ferne Vergangenheit unseres Volkes ist hier gegenwärtig. Durch die Täler Avalons bewegt sich ein unsichtbarer Festzug in endloser Prozession. Die Dunkelheit vor der Dämmerung wird von der Magie Merlins, des Atlanters, durchzogen. Die finsteren wilden Männer des Marschsees gehen vorbei mit brennenden Blicken, die unter verfilztem Haar hervorglühen. Nach ihnen kommen die Druiden in ihren weißen Roben und goldenen Sicheln, sie tragen den heiligen Mistelzweig, ihnen folgen die in der Schlacht Gefangenen, die für die Opfernische in der heiligen Quelle bestimmt sind. Dann kommt die gebückte Gestalt des alten heiligen Joseph, gebrechlich und allein; er trägt den Kelch. König Artus reitet herbei: ein starker Mann in seiner Macht, um seinen Hals das kristallene Kreuz, das er von der Gottesmutter in Beckary empfing, Excalibur umgegürtet. Ginevra in ihrer Schönheit reitet neben ihm, ihr goldenes Haar fließt über ihre Schultern. Der Zeitpunkt ist noch nicht gekommen, an dem der abgeschnittene Zopf im einsamen Sarg der mit Schmuck bedeckten Königin liegen wird, die nicht an der

Seite ihres Gatten, sondern zu seinen Füßen bestattet werden wird. Ihnen folgt die Dame vom See, erkennbar wie durch tiefes Wasser hindurch, den Moment erwartend, da Artus nach der letzten Schlacht wieder zu ihr zurückkehren wird, getragen von der schwarzen Barke, bewacht von den weinenden Königinnen, und Excalibur in ihre Hände zurückkehren wird, für alle Zeit den Menschen verloren.

Und all jenen folgen drei weißgewandete Jungfrauen; und um sie ist ein Strahlen, das nicht von irdischem Feuer stammt, ein Strahlen, das den Menschen wegen ihrer Sündigkeit schon lange abhanden gekommen ist und das in der himmlischen Stadt Arras bewahrt wird – so sagen manche, doch andere wollen wissen, es sei begraben unter den grünen Auen von Glastonbury.

Sagenumwobene Insel Avalon, die immer weiter driftete, als der christliche Glaube die Religion der Großen Mutter für immer vertrieb . . .

Dann verblassen die Träume, und die Erinnerung beginnt. Der ganze Festzug des Mittelalters bewegt sich an uns vorüber, während wir in Avalon in den Spiegel der Zeit blicken.

Da kommen Jungfern, hold und heiter,
Ein Abt in weichem Sattel folgt,
Weit hinten dann die Schäfersleut',
Und gar ein Page als stolzer Reiter
Zieht dahin zum vieltürmigen Kamelot;
Und manchmal durch den blauen Spiegel
herbei
Kommen die Ritter zu Pferde, immer zwei
und zwei . . .

Ritter Lanzelot sucht das eine und Ritter Galahad das andere, doch beide gelangen nach Avalon.

Durch den magischen Spiegel windet sich die lange Prozession – die bescheidenen Klausner, glühend vor eifrigem Bestreben; die gelehrten und frommen Benediktiner, deren große Äbte mit ihren Bauten die englischen Lande verschönten; und schließlich ein alter Mann, an eine Hürde gebunden, von einem schweren Arbeitspferd hinterhergezogen; und danach eingestürzte Türme, Mauern ohne Dach und Dunkelheit.

Excalibur ist ins Herz des Wassers zurückgekehrt. Der Gral ist an den für ihn gedachten Ort gekommen, in den nicht mit Händen geschaffenen Tempel, der ewig im Himmel besteht. Die Abteimauern sind eingestürzt. Der

Festzug ist vorüber. Der Traum vergeht, und das Licht des normalen Tages kehrt zurück. Das Krähen von Hähnen in fernen Höfen, Hundegebell, das Blöken von Lämmern, der Geruch von Torfrauch, gemischt mit Apfelblüten – alles, was den Frühling in unserem Westland ausmacht, fließt durch die fünf Sinne herein.

... bis in die Gegenwart

Doch die Erinnerung an andere Dinge bleibt. Wie wäre es wohl für uns, wenn wir den alten Brauch der Pilgerschaft zu heiligen Orten in heiligen Jahreszeiten wiederbelebten? Es gibt Gezeiten des inneren Lebens, und am höchsten Punkt ihrer Flut sind wir dem Himmel sehr nah. Es gibt Zeiten, zu denen die Kraftströme des Unsichtbaren voller Energie auf unsere Erde herabfließen, und es gibt ebenso Orte an ihrer Oberfläche, deren Kanäle offen sind und aus denen sie mit ihrer ganzen Macht hervorströmen können. Das wußten die Menschen früherer Zeiten in ihrer Weisheit, welche jetzt vergessen ist, und sie nutzten sowohl die Zeiten als auch die Orte, wenn sie versuchten, das höhere Bewußtsein zu erwecken.

Jedes Volk hat seine heiligen Zentren, Orte, an denen der Schleier nur dünn ist; diese Orte wurden mit der Weisheit der Vergangenheit gestaltet, bis dort eine machtvolle, spirituelle Atmosphäre entstanden war und sich das Bewußtsein leicht den feinstofflicheren Ebenen öffnen konnte, zu denen die Boten Gottes kamen, um ihm zu begegnen. Die aufrechten Steine einer vergessenen Sonnenanbetung gibt es noch an vielen Plätzen unserer Inseln, und jede

THE KING'S SPRING

empfindsame Seele wird in der Lage sein, die Atmosphäre einer uralten Kraft zu spüren, die immer noch über ihnen herrscht – sei es die blutbefleckte Aura von Stonehenge oder das bebende, sonnenhelle Glühen von Avalon.

Die verborgene Kirche des heiligen Grals

Wir wollen nicht vergessen, daß unser Volk eine eigene Mysterientradition hat; ihr Naturaspekt liegt in der Sonnenverehrung der Druiden und den wunderbaren Feenerzählungen der Kelten; ihr philosophischer Aspekt liegt in der Tradition der Alchimie und ihr spiritueller Aspekt in der verborgenen Kirche des heiligen Grals, der Kirche hinter der Kirche, nicht von Händen erbaut, sondern auf ewig im Himmel.

Für all dies gibt es heilige Orte, Erhebungen und Teiche der Initiation, die Teil unseres spirituellen Erbes sind. Mögen jene, die dem inneren Weg folgen, unsere heimische Überlieferung studieren und diese heiligen Orte wiederentdecken und neu heiligen; mögen sie zu Zeiten dorthinpilgern, wenn die Kraft herabkommt und spirituelle Kräfte hereinströmen wie die Flut in eine Flußmündung und »jeder einfache Busch brennt von Gott«. Mögen sie Wache halten an den hohen Orten, wenn die kosmischen Gezeiten fließen, die Mächte des Unsichtbaren sich ablösen und die Riten der unsichtbaren Kirche nahe der Erde vollzogen werden.

Der Gral und der Kelch

Bevor die Ritter König Artus' aufbrachen zu ihrer Suche nach dem heiligen Gral, empfingen sie das Sakrament. Wenn wir diesen Punkt näher betrachten, wie wir alle Punkte einer mystischen Erzählung näher untersuchen sollten, werden wir herausfinden, daß er viel Stoff zum Nachdenken bietet. Warum sollten jene, die die Möglichkeit hatten, den Kelch am Altar zu empfangen, noch den Gral suchen? Was konnte der Gral geben, wozu nicht auch der Kelch fähig sein konnte? Die Legende weist uns auf eine mystische Interpretation der Eucharistie hin. Sie zeigt, daß wir, um unsere Kommunion zu einer spirituellen Erfahrung werden zu lassen, mehr tun müssen, als vor dem Altar zu knien und einen vom Priester gesegneten Pokal mit unseren Händen zu empfangen. Wir müssen uns selbst auf die Suche machen und für uns den richtigen Kelch finden, aus dem unser Herr den Wein des Lebens trank. In keiner anderen Weise können die Möglichkeiten des Kelchs für uns zur Wirklichkeit mystischer Erfahrung werden.

Die Kommunion – eine spirituelle Erfahrung

Der Gral ist das Vorbild des Kelchs, und aus

dem Gral erhält der Kelch seinen Wert. Hätte es kein Abendmahl gegeben, gäbe es auch keine Eucharistie. Dennoch ist die Eucharistie mehr als nur eine Erinnerung. Unser Herr verlangte von jenen, die vom Wunsch beseelt waren, einen Platz in seinem Reich zu erhalten, daß sie auch aus dem Kelch tranken, aus dem er getrunken hatte, und daß sie sich auch taufen lassen sollten, so wie es mit ihm geschehen war.

Die Taufe, ein kosmischer Akt

Wir wissen, was diese Taufe war: das Herabkommen des Heiligen Geistes in Gestalt einer Taube. Die Taube war aber für einfache Gemüter ein Symbol der Manifestation der flammenden Kraft des dritten Aspektes der göttlichen Vernunft, und der Kelch ist in gleicher Weise das symbolische Bild für die inneren Erfahrungen, die der Herr in jenem kosmischen Akt machte, der die Menschheit erlöste und neu belebte. Die Kreuzigung durch die Hand der römischen Herren war nur die materielle Manifestation des spirituellen Kampfes, der stattfand. Nicht das vergossene Blut von Jesus von Nazareth rettete die Menschheit, sondern das Ausgießen spiritueller Kraft aus dem Geiste von Jesus, dem Christus.

Hinter jedem materiellen Objekt, das im Ritual Verwendung findet, steht ein spirituelles Vorbild. Das spirituelle Vorbild wird geschaffen durch eine Erfahrung, die einem lebenden spirituellen Wesen widerfuhr. Ebenso wie ein tragisches Geschehen einen Ort schaffen kann, an dem es spukt, weil das intensive Gefühl, das dort erfahren wurde, in der mentalen At-

Rechts: Im Park von Glastonbury

Traumlandburg mit Schwänen und Wassergraben: Wells, Bischofspalast

mosphäre zurückbleibt, so schafft auch eine jede große spirituelle Erfahrung – besonders, wenn sie stellvertretend für einen vorgegebenen Zweck von jemandem auf sich genommen wurde – eine Gedankenform, die mit spiritueller Kraft geladen ist. Hierin liegt die Macht nicht nur des erhabenen Opfers unseres Herrn am Kreuz, sondern auch, auf ihre Art, der Leiden und Martyrien der Heiligen. Es werden Gedankenformen geschaffen durch das hingebungsvolle, stellvertretende Leiden, das in spirituelle Kraft verwandelt wird.

Mit Hilfe eines gegenständlichen Symbols – sei es das Kreuz oder der Kelch oder eine Reliquie eines Heiligen – werden die Gedanken auf den Akt des Opferns konzentriert. Wir berühren die Gedankenform, und die darin gespeicherte Kraft entlädt sich in unsere Seelen. Wir werden an die spirituelle Eigenschaft erinnert, die das Opfer bewirkte, und die entsprechende Eigenschaft wird in unserem Innern geweckt. Wir werden von einem inspirierenden Beispiel dazu angeregt, auf unsere Art zu »gehen und desgleichen zu tun«. Das Kreuz ist für uns nur insofern von Wert, als wir das niedere Selbst und seine Lüste daran nageln. Der Kelch ist für uns nur insofern von Wert, als Christus sich in unseren Herzen erhebt und wir uns bemühen, das Leben Christi Wirklichkeit werden zu lassen.

Wie der Kelch zum Gral wird

Wenn wir nicht das innere Leben eines Symbols mitempfinden, sagt uns seine äußere Form nichts. Haben wir noch nie freiwillig ein Opfer aus Mitleid gebracht, werden wir nur wenig aus dem Nachdenken über das Kreuz lernen; haben wir nicht gespürt, wie das brennende Licht eines lebendigen spirituellen Kontaktes unser Herz stärkt, empfangen wir nichts aus dem Kelch. Die segnenden Worte eines Priesters machen aus einer Schale einen Kelch, doch nur das segnende Bewußtsein dessen, der die Kommunion empfängt, kann den Kelch zum Gral machen.

Wie die Ritter des Königs Artus dürfen wir uns nicht mit dem Kelch in der Kirche zufriedengeben, sondern müssen die Suche jener großen Abenteurer der Seele fortsetzen, auf daß sie es uns schließlich ermöglicht, den Gral in der Kirche zu empfangen, die nicht von Händen erbaut wurde, sondern auf ewig im Himmel besteht.

Epilog

Und was ist mit dem heutigen Glastonbury? Chalice Well ist eine Jungenschule. Bligh Bond ist in Amerika als Sekretär der »American Society for Psychic Research« (Amerikanische Gesellschaft zur Erforschung des Übersinnlichen); die Ausgrabungen bei der Abtei werden nicht mehr von den Geistern der alten Mönche geleitet, sondern von ausgebildeten Archäologen vollzogen, die an allen möglichen und unmöglichen Stellen tiefe Gräben ziehen. Man fragt sich manchmal, ob das, was sie finden, wohl genauso wertvoll ist, wie es das weiche Grün des unberührten Rasens war. Alles wird in bewundernswerter Weise versorgt und beschriftet; und ich weiß, daß Goldlack, Löwenmaul und roter Baldrian eigentlich nicht auf alten Ruinen wachsen dürften, weil ihre Wurzeln die Steine auseinanderdrücken. Doch irgendwie blickt man mit Bedauern auf die alten, unordentlichen, wunderbaren Zeiten zurück.

Von Zeiten, die waren

Alles, was blieb, ist Joe, der früher für den makellosen Rasen sorgte und nun interessierten Zuhörern Geschichten aus alten Glanzzeiten erzählt. Man sagt, daß Menschen, die

Links: Glastonbury, Fenster des Gerichtshauses

Pferde versorgen, auch so werden wie sie; Joe bräuchte nur eine Kutte und eine Kapuze und eine Kordel um den Bauch, um der lebendige Prototyp all der fröhlichen alten Mönche der mittelalterlichen Geschichten zu sein. Er versorgt, seit es einen Motorrasenmäher gibt, nicht mehr den Rasen, sondern herrscht, passenderweise, über die »Küche des Abts«, er ist der edelste Laienbruder von allen und ein wirklich alter Freund von mir. Ich glaube, er und ich sind die letzten Überlebenden aus den großen Tagen von Glastonbury.

Die Vergänglichkeit moderner Kultur

Die Schule für Musikdrama, die Rutland Boughton in dem großen Haus in Bovetown gegründet hatte, wurde nach all dem Auf und Ab, dem jedes künstlerische Unternehmen unterworfen ist, aufgelöst; ihre buntgekleideten und ungewöhnlichen Schüler bringen nicht mehr den Hauch von Montmartre in unsere nüchternen Straßen des Westens, der der Stein des Anstoßes für unsere einheimischen Tölpel war. Ihr Begründer ist berühmt geworden; und obwohl wir nicht vergessen können, daß die Schüler ohne Hüte und sogar ohne Strümpfe herumliefen, fangen wir langsam an, stolz darauf zu sein, daß er mit der Stadt verbunden war. Wenn er einmal tot ist, werden wir uns mit Dankbarkeit seiner erinnern.

Auch die jüdische Gemeinschaft schätzte Glastonbury als heiligen Ort. Sie eröffnete ein Zentrum in dem Haus, das früher von Bligh Bond bewohnt war; doch auch das blieb nicht bestehen. Tatsächlich sind die Ruinen der Abtei und mein Gästehaus die einzigen Unternehmungen in Glastonbury, die der Prüfung der Zeit standgehalten haben.

Prophezeite Weltuntergänge

Das letzte interessante Ereignis, das hier stattgefunden hat, war der Weltuntergang, der sich nun schon zum drittenmal ereignete. Glastonbury ist für dieses Ereignis ein sehr geeigneter Ort, denn die Prophezeiung lautete, daß der Gipfel des »Tor« aus dem Wasser herausschauen wird, wenn das Ende kommt, und alle, die sich dann darauf versammelt haben, werden gerettet werden. Es sind Leute aus diesem Grunde nach Glastonbury gezogen, und jedesmal, wenn das Datum für den Weltuntergang bekannt wird, kommen sie schnell aus dem Urlaub zurück, packen Picknickkörbe und stellen sie gut greifbar in den Flur. Zwei Damen haben einmal alle ihre warmen Wintersachen verschenkt, weil das Datum für den Untergang für einen Tag Anfang September angekündigt war, und als der November kam, ohne daß das prophezeite Ereignis eintrat, mußten sie sie wieder zurückverlangen, zum großen Ärger dessen, der sie bekommen hatte, denn dieser wiederum hatte nun den Ausverkauf im Sommer verpaßt.

Mr. Powis erwähnt diese Prophezeiung in seinem Buch *Glastonbury Romance*, das unsere einheimischen Spießbürger außerordentlich erschreckt hat. Benehmen wir uns hier in Glastonbury so? Ich hatte das noch nicht bemerkt. Ich muß ziemlich viel versäumt haben. Ich fürchte, daß die Leute enttäuscht sein werden, die in der Erwartung, das romantische Glastonbury zu finden, eine Pilgerfahrt hierher antreten. Wir können den Ausführungen des Mr. Powis nicht ganz gerecht werden.

Indem ich so viel über all die anderen gesagt habe, hätte ich beinahe vergessen, mich selbst zu erwähnen, obwohl ich mir nicht ganz darüber im klaren bin, ob ich als örtliche Berühmtheit oder eher als lokale Sehenswürdigkeit einzustufen bin; vermutlich das letztere, wenn ich im Garten arbeite.

Glastonburianer, Avalonier, und was von ihnen blieb

In den großen Zeiten Glastonburys, als es das englische Bayreuth war, pflegten wir zu sagen, daß dort die Glastonburianer und die Avalonier leben; die Glastonburianer waren jene, die den Ort nur als Marktstadt und als Touristenzentrum kannten, während die Avalonier an seinem spirituellen Leben teilhatten.

Ich glaube, daß ich der letzte der Avalonier bin, jener Menschen, die es nach Glastonbury zog, weil es ein Zentrum der immer neuen spirituellen und künstlerischen Inspiration ist; und die Geschichte meines Tuns hier ist genauso merkwürdig wie der Rest der romantischen Geschichten von Glastonbury, die ich aufgezeichnet habe.

Heutzutage hat wenigstens jedes zweite Haus Zimmer für Radfahrer zu vermieten, doch in den guten alten Zeiten waren die Unterkünfte rar und ziemlich unzureichend. Ich erhob meine Stimme zu Klagen und Lärmen, daß dies auch auf dem »heiligsten Boden Englands« so war, und plötzlich bot mir jemand eine zwölf Meter lange Armeebaracke aus einem Lager an, das in der Nachbarschaft abgebrochen wurde. Es ist unnötig zu erwähnen, daß eine zwölf Meter lange Baracke nicht die Art von Geschenk ist, dem man ins Maul guckt, und relativ unbeeindruckt von der Tatsache, daß ich keinen Platz hatte, an den ich sie stellen konnte, nahm ich sie an. Das nächste, was mir bewußt wurde, war, daß sie am Bahnhof lagerte und einen Groschen nach dem anderen für Lagerkosten schluckte; und eine Zwölf-Meter-Baracke kann ziemlich gierig sein.

Eine Baracke wird »zweckentfremdet«

Ich lief durch die Stadt, diese Baracke sozusagen unter dem Arm, und suchte einen Platz, wo ich sie hinstellen konnte, bis ich allen leid tat. Es ist ja allgemein bekannt, daß eine besondere Vorsehung über Trunkenbolde, kleine Kinder und Narren wacht; sie nahm mich bei der Hand, und siehe da, nun steht meine Baracke hoch oben neben dem »Tor«, und bis zum heutigen Tage steht sie dort sicher und fest.

Wir gestalteten aus ihr eine Herberge für Avalonier: erwählte Geister, denen das Klettern nichts ausmacht. Wir haben sie vorn und hinten verbessert, und obwohl die Unterbringung darin immer noch begrenzt und ziemlich unzureichend ist und obwohl wir sie den Anspruchsvollen nicht empfehlen, bedeutet sie doch ein Willkommen für alle, die im Herzen Avalonier sind.

Wenn ich von unserer hohen Veranda aus hinaus über die Dächer sehe, frage ich mich oft, ob das Leben von Avalon sich je wieder regen wird, oder ob wir nicht mehr als eine Touristenattraktion und eine Marktstadt bleiben werden. Werden die Knochen sich Stück für Stück zusammenfügen, wie es in Buckfastleigh geschah? Man spricht davon, daß sich im Schatten der alten Abtei einmal eine große neue Abtei erheben wird. Jeden Sommer zur Sommersonnenwende steht ein hohes Kreuz aus Lärchenbalken auf dem »Tor« hinter uns, bizarr in den Himmel ragend, und eine lange Prozession windet sich herauf, Mönche und Nonnen und Marienkinder, und der Klang des Gesangs tönt bis zu uns und die begeistert predigende Stimme eines Mannes.

Eine strahlende Renaissance?

Wenn irgendein Ort das englische Lourdes werden könnte, dann ist es unser Avalon. Glastonbury hat zwar kräftig dabei mitgeholfen, die Propheten zu steinigen, doch ich denke, die heilige römische Kirche ist aus festerem Material als Bligh Bond mit seinen Visionen einer anderen Welt und als Rutland Boughton mit seinem Traum von Schönheit. Und ich zumindest hoffe, daß sie gut Fuß fassen wird und ich, obwohl ich ein verstockter Heide bin, ihr »Angelus« von meiner hohen Veranda aus hören werde.

Chalice Orchard, Well-House Lane

Bücher über Glastonbury

Es gibt zwei Bücher, denen die Autorin zu Dank verpflichtet ist und in denen der Leser nachschlagen sollte, falls er sich für Tatsachen und Traditionen interessiert nach all den Schatten und Träumen der vorangegangenen Seiten.

Für geschichtliche Fakten sollten Sie nachschlagen in *Glastonbury, the English Jerusalem* von Rev. C. L. Marsden, und, wer sich für Legenden interessiert, in *The Glories of Glastonbury* von Armine le S. Campbell. Beide Bücher kann man gut in die Tasche stecken und darin lesen, während man die Straßen der Stadt oder die Pfade in den Schluchten um den »Tor« erwandert.

Für jene, die den Geist unserer heiligen Orte einfangen wollen, gibt es ein Buch, das weit erfreulicher ist als die anderen: *The Priest of the Ideal* von Stephen Graham. Und für die Erwekkung des visionären Festzuges der Vergangenheit können wir *The Ballad of the White Horse* von G. K. Chesterton empfehlen oder Tennysons *Idylls of the King* und Fiona McCleods *Immortal Hour*.

Schließlich, in *The Mysteries of Britain* von Lewis Spence, kommen wir ganz an die Wurzeln unserer Inselüberlieferung.

Diese Bücher sollte die Pilgertasche eines jeden Wallfahrers enthalten, der den Weg nach Avalon einschlägt, und wenn er in ihnen lesen kann, ohne eine Vorstellung von dem unsichtbaren Festzug zu bekommen, dann ist er nicht wert, den Fuß auf einen so heiligen Boden zu setzen.

Einige deutschsprachige Bücher über Avalon:

Marion Zimmer Bradley: Die Nebel von Avalon. Aus dem Amerikanischen von Manfred Ohl und Hans Sartorius. S. Fischer Verlag, Frankfurt am Main 1983

Tankred Dorst: Merlin oder Das Wüste Land. Suhrkamp Verlag, Frankfurt am Main 1981

Sir Thomas Mallory: Die Geschichte von König Artus und seiner Tafelrunde. In drei Bänden. Insel Verlag, Frankfurt am Main 1977

Daphne du Maurier: Cornwall-Saga. Schweizer Verlagshaus, Zürich 1984.

Register

MAGISCH REISEN

Anne Tappe
TÜRKEI
Brücke zwischen Orient und Okzident
(Goldmann Taschenbuch 12280)

Bernd A. Mertz
ÄGYPTEN
Land von Isis und Osiris
(Goldmann Taschenbuch 12281)

Bernd A. Mertz
GRIECHENLAND
Vom Olymp zum Orakel von Delphi
(Goldmann Taschenbuch 12282)

David Luczyn
DEUTSCHLAND
Ein Führer zu Orten des Lichts und der Kraft
(Goldmann Taschenbuch 12284)

Natasha Peterson
NORDAMERIKA
Heilige Orte der Kraft
(Goldmann Taschenbuch 12285)

Wulfing von Rohr
INDIEN
Geburtsland von Mystik, Magie und Meditation
(Goldmann Taschenbuch 12286)

Gilbert Altenbach/Boune Legrais
FRANKREICH
Land der Barden und Druiden
(Goldmann Taschenbuch 12287)

Louis Charpentier
SPANIEN
Das Geheimnis der Pilgerstraßen
(Goldmann Taschenbuch 12288)